RÉMY BROUSTAILLE

Bizarres

PARIS

BIBLIOTHÈQUE DE LA PLUME

31, rue Bonaparte, 31

1894

BIBLIOTHÈQUE
ARTISTIQUE ET LITTÉRAIRE
31, Rue Bonaparte, Paris

ANNONAY (Ardèche) IMPRIMERIE J. ROYER.

Bizarres

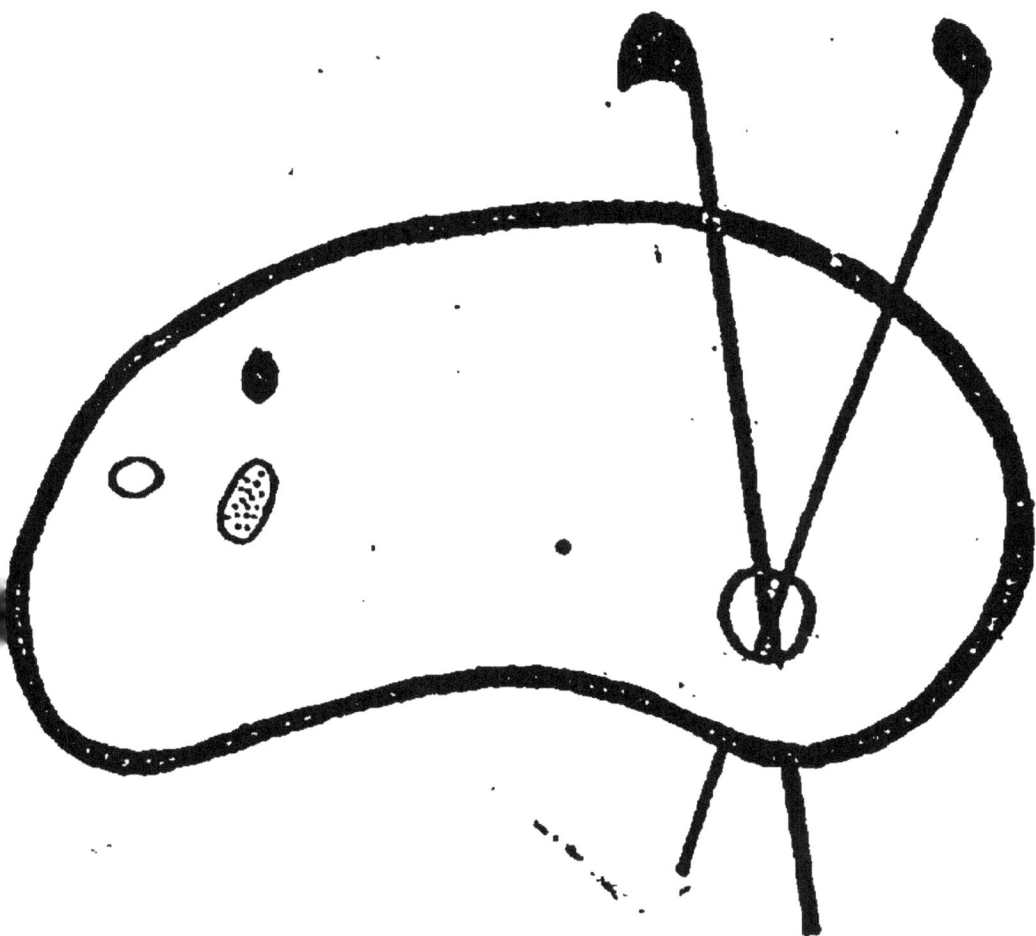

RÉMY BROUSTAILLE

Bizarres

PARIS

BIBLIOTHÈQUE DE LA PLUME

31, rue Bonaparte, 31

—

1894

ERRATA

L'errata est le microbe du bouquin.

P. ASTEUR.

Page 10

Au lieu de : Salut ! ce bon monsieur Pioublic, Auguste.

Lises : *Salue* ce bon monsieur Pioublic, Auguste.

Page 91

Au lieu de : ... elles ouvrent leurs bras prêts à l'éteindre
sur leurs seins gonflés —

Lisev : ... elles ouvrent leurs bras prêts à *l'étreindre* sur leurs seins gonflés —

Page 144

Au lieu de : Courir parmi les fleurs de jeu ?

Lises : Courir parmi les fleurs de *feu* ?

Dans les pièces à dire de POUR RIRE, il se trouve quelques vers faux, tel celui-ci, page 59 :

Car l' bourgeois, y n'a pas d' cœur.
quand il faudrait :

Car *le* bourgeois, y n'a pas d' cœur.

Vu le genre de cette littérature, ces vers ne sont pas mentionnés ici.

Page 94

Le poète, sur le conseil d'amis qui trouvaient exagérée l'apparition du *Remords*, avait fait une variante où se dressaient à la place du Remords les *Fautes* et le *Repentir*.
... Le livre s'imprimait.
Par l'intermédiaire de son éditeur, il envoya cette variante à l'imprimeur : un malentendu inexplicable a fait que la variante, au lieu de remplacer l'idée première, a été imprimée à la suite.

Allons, tout sera *bizarre* dans ce livre.

R. B.

OHÉ !

OHÉ ! les désillusionnés,

OHÉ !

À bas les Petites chapelles, leurs petits prêtres — échappés de la Cuvette de l'Idée ; à bas les sârs, les bonzes, les maîtres, les pontifes, les têtes à perruques, les vieilles barbes !

OHÉ !

A Nous, les Anarchistes de l'Art.
    A Nous
    A Nous

                R. B.

BONIMENTS

I

Mon Livre est le Cheval que je monte, toujours à poil.
Mon Cirque, le Lieu où Il est lu.
Mon Public, le Lecteur.
— Entrant sur la Piste, avec ma plume, je fais les trois saluts d'usage.
... Miousic.
Zim! Boum! Boum! Zim! Boum!

2 (1)

Ce Livre n'est pas mon Premier... car sur deux autres bâillèrent d'innocents « typos », forçats des caractères : humbles martyrs de toutes les Elucubrations Commerciales et Littéraires.

Le Premier fut un opuscule de 44 pages: les « Sonnets Fantasques », édité chez Etienne Sausset, 7, Boulevard Saint-Martin — en 1882... où sont les Neiges? — Comment a-t-il été épuisé? Dieu seul le sait.

Le second, oh! le second... c'est toute une histoire. Si vous n'avez rien à faire et que vous ne soyez pas trop impatients de connaître « Rose Frou-Frou » — cette « Rose Frou-Frou » dont la douce figure me sourit tout en vous causant — faites comme Cinna, asseyez-vous et oyez; si non, dans votre chambre, emmenez ma si jolie Rose — Vous le voyez? j'y vais sans façon, un gentleman

---

(1) Ce volume devait avoir pour titre « Rose Frou-Frou ».

à rouflaquettes ne causerait pas plus complaisamment, puis, après, si le cœur vous en dit, venez m'ouïr... vous serez toujours le bien reçu.

Pour ceux qui veulent entendre l'histoire de suite, la voici : —Il était une fois... — Un roi et une reine? — Non, pardon... au jour d'ojourd'hui, les rois et les reines sont vieux jeu... mais un gros garçon, à la figure rabelaisienne, ornée d'un lorgnon bien à cheval sur un maître nez, sans style répondant, — pas l'nez ni l' l'orgnon bien à cheval, mais l'gros garçon — au pseudonyme caractéristique de Rémy Broustaille... votre humble serviteur, turablement. Un jour, ou un soir, peu importe, ce gros garçon ennuyé d'entendre ses amis lui reprocher sa paresse, acheta une centaine de rames de papier écolier, dix litres d'encre de la *Petite Vertu*, je ne sais combien de boites de plumes et se mit à œuvrer. Au terme voulu, il accoucha d'un enfant de 170 pages, qu'il baptisa « Les Poésies de Bec-de-Gaz ». Pourquoi de Bec de Gaz? ça serait trop long à vous raconter. Aussitôt sorti des Limbes, ses amis se mirent à débarbouiller le gluant, l'un lui lave ceci, l'autre cela, ceux-ci... enfin, bref, une fois le baby propre comme un petit sou tout neuf, le papa s'en alla z'à Paris, car il habite la Province, à la recherche d'une nourrice... pardon, d'un éditeur. Mais où le pauvre se présentait, c'étaient de grands gestes, de hauts cris : — Quel est ce petit cul-tout-nu?... Quel air coquin il vous a au premier abord, et chose bizarre, à bien le regarder, il a des façons gentilles... fort convenables, ma foi... xtraordinaire ! Comment vous appelez-vous donc, vous pour nous apporter un tel enfant? — Rémy Broustaillle, — Vous dites? — Rémy Broustaille. — Ré... my... Brous... taille... connaissons pas... Un jeune « qu'a » des cheveux b'ancs... ah! vous pouvez vous vanter d'en avoir un de fameux toupet, vous! Oser proposer, à nous, les Ceuss que nous sommes, un môme de c't'acabit! — Pardon, Messieurs, mais Emile Zola, Jean Richepin... il est vrai que ce dernier dans les temps... Catulle Mendès, etc., etc., ont des enfants d'un acabit bien plus accentué que le mien et qui courent impunément les rues et les ruelles, — Ah! mais, dissstinguons, dissstinguons... ils s'appellent Zola, Richepin, etc... etc... et vous... comment avez-vous dit ?— Rémy Broustaille — Ré... my... Brous... taille... tout est là,

Meussieu! Oh! s'il n'y avait que nous, nous prendrions le moutard illico, certain de son succès, car il n'y a pas à dire, ce petit gaillard a du sang gaulois dans les gencives, et son apparition, certes, ferait du bruit à Landerneau, mais voilà le chiendent, il y a Madame la Justice Distributive, bien autrement terrible que la Censure, car avec cette dernière on savait à quoi s'en tenir, et la bonne Madame Justice Distributive dénoncerait infailliblement le petit Tout-Nu, et comme on ne peut toucher aux grands, le petit serait certain d'écoper... et nous... et vous... et tous... Prison, amendes... bien obligés... Tenez, tenez, emportez votre progéniture... Ciel!... un « vieux monsieur » qui passe... Dieu soit loué! il a pa...assé... Brou! Par ici la sortie, Meussieu... Excusez nous, si l'on ne vous reconduit pas... serviteurs.

Ah! ce pauvre Broustaille, ce qu'il a trimardé à Paris, son gosselin sous le bras ou dans la poche, buvant force gobelets afin de faciliter la coction de toutes les vertueuses et honnestes raisons que lui faisaient avaler « bons lanceurs » comme « étouffeurs ».

Invariablement, il était éconduit par ce cliché: Quand vous aurez un nom célèbre, repassez »

Ah! rigolo le monde, ah! rigolo les justes lois, ah! rigolo la vie.

La morale de mon histoire : *Les puissants peuvent tout oser, les petits tout redouter* : c'est une variante: « *selon que vous seres puissant ou misérable...* » et comme Rémy Broustaille n'est puissant qu'au physique, au bout de huit jours de courses vaines et d'absorptions à outrance, un beau matin, avec le cher objet de tous ses ennuis, tribulations et dégustations, il quitta la Capitale, par la gare St-Lazare, ligne de Bretagne, à 11 h. 25.

Dans la suite, pour se débarrasser de ses « *Poésies de Bec-de-Gas* » — 500 volumes, rien qu'ça, mon prince!... sur un bath de papier, avec un chouette de dessin dessur la couverture — il en fit des cornets qu'il vendit aux confiseurs, pour mettre des berlingots.

Entre nous, en bons camarades, le Public a-t-il bien perdu en ne pouvant s'offrir ces « *Bec-de-Gas* »... En aurait-il été beaucoup plus éclairé? — Les uns disent oui, les autres, non.

Le *Oui* ne tue pas le *Non*, a dit un bonze ancien, Philarètes Chasles.

Moi, je ne dis rien.

— Nib de Nib.

Car ma pensée la plus douce, mon désir le plus ardent, mon rêve le plus fou est de voir le Public — Salut ! ce bon Monsieur Pioublic, Auguste — se payer « *Rose Frou-Frou* ? »

... Hé, at-tention, Messieurs de l'orchestre.

— A-pprochez !... a-pprochez !... prochez, prochez... c'est l'instant, c'est l'moment... La voici... voici, la jolie, jolie... jolie « *Rose Frou-Frou* » habillée de prose et de vers... A-llons, alllons, Messieurs,. qui se paie l'œuvre... Le coût est trois francs dix sous... Quoi, personne ne souffle mot.... personne ne lève la main... ngnia donqu'qu' des pannés dans la société ? Voyons, Messieurs, pour trois francs dix sous... Voyons... un peu de courage à la poche... Voyons, Messieurs, à qui « *Rose Frou-Frou* » ?... A Monsieur ?... Bien, Monsieur. Voici, Monsieur. Merci, Monsieur.

Mi-ousic.

Zim ! Boum ! Boum !... Zim ! Boum !

!

Décidément, avec mes livres, je joue de malheur ; des gens —
et combien nombreux — me disent : « Pourquoi en faire ? » Je
répondrai ce qu'une malheureuse femme engrossée tous les neuf
mois, et qui s'en plaignait, répondit à la même question : « oh !
meussieu, c' n'est pas d' ma faute, car s'il n'y avait que moi ! »

Le guignon pour elle, c'est qu'elle avait un mari, comme moi,
un cerveau.

Si la pauvrette à une demande « avait refusé à son homme »,
elle eut été certaine de recevoir une de ces « tournées » qui font
époque dans la vie d'une femme, et qu'ensuite l'époux, en plus de
ses arguments frappants, afin de lui prouver sa force et ses droits,
aurait fait exprès de doubler ses volontés. — Ainsi, hélas, agit
mon cerveau. Je suis son humble esclave : il ordonne, j'obéis.
Mal m'en a pris parfois de lui résister, il se met alors en un tel
état d'exubérance qu'il me faut produire le double et le triple...
et le diable, c'est que j'ai bien d'autres chats à fouetter... quand
on n'est pas Rothschild, il faut *struggler fort life* dur...

Et je *struggle for life* raide.

Les mêmes gens s'écrieront, non sans une vague inquiétude :
« C'est une maladie ! » — Oh ! absolument, mais, braves gens, ne
craignez rien, elle n'est point épidémique : ceux pour qui le
Royaume des Cieux est ouvert ne l'attrapperont jamais. Heureu-
ses gens, ils ont la tranquillité cérébrale sur la terre et la béatitude
dans le Ciel.

... Je reviens à mon « malheur ».

Je comptais pour mon troisième volume, lancer une œuvre moitié prose, moitié vers « *Rose Frou-Frou* » quand mon imprimeur, après l'avoir fait lire par trois avocats — Malbourough, lui, fut porté z'en terre par quatre z'officiers — me déclara ne pouvoir l'accepter, vu mes audaces. Les trois avocats l'enterrèrent. — Et, rééditant les réponses des éditeurs pour *Les Poésies de Bec-de-Gaz*, il écrit : « Zola et consorts vont aussi loin, mais ils sont fort puissants et nous ne le sommes pas ».

— C'est juste, Auguste.

Que faire ?... Mettez-vous à ma place. Oh ! je conçois que vous n'y teniez point, car imprimer, lancer cette pauvre « *Rose Frou-Frou* », c'est la galette à donner ; c'est la prison à subir... heu ! cette perspective me jette un froid. Un rossignol en cage, meurt, moi, j'en claquerai. Et cela, pour avoir osé une œuvre hardie, vécue, forte.

— C'est justement, va clamer en hurlements majeurs toute la meute de ceux qui « la » font occultement et de ceux qui ne peuvent plus « la » faire ; nous savons qui nous sommes. Nos vices s'oublient assez partout..., pourquoi vouloir nous fourrer le nez dedans ? C'est immoral, monsieur ! Allez, ouste, au bloc.

Et nous vivons dans une gloire de lumière. Immortel Rabelais, que ton ombre bénisse l'étoile qui te fit naître en un siècle où se dressait le Châtelet avec ses cachots et ses instruments de torture. car tu ne l'aurais point échappé comme tu l'échappas et tes jours se seraient terminés dans l'exil ou, traité avec moins d'égard que de vulgaires cambrioleurs, en compagnie d'escarpes ou de chourineurs ; tandis que les hauts tripoteurs de toutes sortes et catégories — l'argent sanctifie tout, ô sainte Galette ! — auraient entretenu des gonzesses, roulé carosse, havane aux lèvres, ruban à la boutonnière.

Ah ! propre et joli ce final de siècle.

C'est l'ère des hypocrites — masques immondes — et des vieux messieurs — cadavres vivants. Mais quelle race est donc venue empoisonner le sang de nos veines.

Oui,

Je serai condamné et de la verte façon encore. Haro sur le galeux ! Oh ! si ma fortune me permettait d'entrer carrément en scène, — mais je ne suis qu'un humble et comme tel je dois me taire, et je me tais, mais, comme l'opprimé, le sourcil arqué, le poing fermé, la haine aux yeux.

Ne terminons point par une note triste, je hais les choses tristes, c'est si bon, le rire. Le rire, c'est le criterium de la bonté — les méchants ne rient jamais, -- et, hélas ! de la santé, car ceux qui souffrent ne peuvent avoir des gaités aux lèvres. Le rire, c'est le soleil du cœur.

J'ai donc remis dans mes cartons, ma si douce, ma si jolie, ma si aimée *Rose Frou-Frou,* en attendant des jours... plus français.

J'ai dit que je jouais de malheur avec mes livres, car en plus de « *Pose Frou-Frou* » qui n'a point été imprimé, il y a le volume : LES POÉSIES DE BEC-DE-GAZ qui n'a point été édité.

— Ce livre, paraît-il, dépasse toutes les bornes. C'est "z'" une "horreur" ! se serait écriée feu madame Pipelet, qui ne l'aurait pas lu : un "scandale" aurait gémi Monsieur Prud'homme qui l'aurait lu, mais qui ne l'aurait pas compris ; une « obscénité » a clamé un « vieux Monsieur » : une « vérité » m'a dit le très bon et le très docte ami qui m'aborda un jour par cette phrase char-mante : « Salut, doux poète de la pitié du vice ».

Un critique influent, auquel un ami avait envoyé mon livre, m'a classé — insigne honneur — parmi ceux de l'école de Jean Richepin... il est vrai que plus loin, ce critique influent compare mon livre au « Portier des Chartreux ». Cet homme très savant, très grave, très vieux, possédait sans doute tout son marquis de Sade par cœur ; cela me rémémore l'histoire exquise des vieux bonzes de Genève, qui, pendant leurs vertueuses séances contre le « Vice fameux » chipaient les livres et les gravures obscènes afin de s'en esclaffer entre eux, après boire, ou pour montrer à de petites joyeuses, avant rire.

Passons et terminons.

Ce livre, que j'ai donné à mes très rares amis, comme à de bons camarades, officiers et étudiants, tous français, tous gaulois, tous lettrés, un jour, fut lu par deux personnages très bien cotés, très bien vus — partant très riches ; le premier, vieux monsieur, remit un soir mille francs à une mégère qui lui avait livré sa fille le soir de sa première communion ; le second, ni jeune, ni vieux, aime les « petits garçons ».

— Mais Virgile et Horace n'en disaient point de mal.

— J! t' crois ! Eh ! bien, ces deux messieurs ont trouvé mon livre immoral.

Immoral !

Ah ! suave et tout plein rigolo.

... Après cela, il n'y a plus qu'à tirer la ficelle...

C'est ce que je fais.

RÉMY BROUSTAILLE.

Ce Livre a pour Père un louffoque : mon Cœur ;
pour Mère, une étude : l'Observation.

Nulle Etoile n'a annoncé sa Naissance, un très petit
nombre d'Amis l'ont saluée.

. Ses Amis futurs seront ceux qui auront vécu, souf-
fert ; — de ses ennemis, il n'en aura cure.

Sa Fortune dépendra de Ceux-ci comme de Ceux-là,
tous y contribueront : aussi avant d'entrer en Librai-
rie, il dit aux Uns et aux Autres :

Merci.

R. B.

DANS LES SPASMES

en bonne amitié à Gustave Fouilleul.

I

C'EST le soir, onze heures...
La luxueuse maison des spasmes est en effervescence.

Dans l'atmosphère ambiante flottent, parmi les miasmes d'une demeure sans cesse en ébullition et sans cesse close, des odeurs de tabac, de vin, de parfums et de chairs de femmes.

Des salons embrasés, sortent des filles suivies d'un ou plusieurs messieurs — par l'entrebaillement des portes, l'écartement furtif des lourdes tapisseries, dans la lumière des papillons de flammes et les flamboiements des glaces, apparaissent des visions de chairs aux nuances hétéroclites, à la nudité troublante.

Dans les larges escaliers, murés de gigantesques miroirs, montent et descendent, descendent et montent — va et vient continuel — des couples joyeux, des bandes tapageuses ; et les couloirs des chambres sonnent de rires, vibrent de baisers.

C'est le soir, onze heures...

La luxueuse maison des spasmes est en effervescence.

II

C'était le 22 mai.

Dans le salon d'entrée, en l'attente d'un choix prochain, se pavane un essaim de jeunes femmes, voilées de gaze aux nuances claires et riantes tamisant et ensoleillant les roses et les neiges des chairs.

L'habile jeu des glaces reflète, incomptables et sur toutes les faces, les images de ces tombeuses d'amour.

Rieuses, folles, exultantes, surchauffées, elles sont là, toutes. — Une d'elles, très blanche, très belle, très grande, maquillée comme une actrice en scène, étrangère aux propos et aux rires des autres filles, ses sœurs, dans une immobilité de statue, rêve, le front baissé, les paupières mi-closes, le regard perdu dans ses souvenirs : souvenirs douloureux ! Ses longs cils de jais se diamantent de pleurs ; ses lèvres, sanglantes de carmin, bâillent d'angoisse.

C'était le 22 mai.

Dans le salon d'entrée, en l'attente d'un choix prochain, se pavane un essaim de jeunes femmes, voilées de gaze aux nuances claires et riantes tamisant et ensoleillant les roses et les neiges des chairs.

I I I

Elle rêve, le regard perdu dans ses souvenirs.

A minuit — il y a neuf ans — sa mère se mourait. Dans sa morne rêverie, elle revoit la funèbre scène.

Oh! la religieuse et sainte vision! L'intensité de ses souvenirs lui montre le lugubre tableau dans toute sa désespérante réalité... Elle la voit, la morte vénérée, étendue sur sa couche, à la blancheur de neige, douce et pâle figure encadrée de cheveux noirs, aux lèvres décolorées, aux yeux éteints, un crucifix d'argent entre ses mains croisées sur sa poitrine, à jamais sans battement.

Toute à la désespérante et chère volupté de cette pure vision, sa pensée s'envole avec les esprits célestes, qui emportent, là-haut, l'âme de l'adorée, pour la transformer sous le souffle de Dieu en un ange aux grandes ailes déployées, comme ceux qu'elle voit lui sourire dans l'azur éclatant des paradis.

Elle rêve, le regard perdu dans ses souvenirs.

I V

« Eh! bien! Gril-d'Amour, tu pionces, ma fille? »

Et comme la pauvre ne bouge, de jeunes et rayonnantes infâmes, au corps d'éphèbes, la secouent gaiement.

Alors, redressant sa jolie tête d'un geste brusque, le regard noyé de souvenirs, les cils perlés de larmes, la figure inspirée, elle regarde, au sortir de son su-

blime songe, environnées de filles d'amour, trois
jeunes dames tout étoffées de printanières couleurs,
aux bras de messieurs tout vêtus de noir, qui la contemplent, des sourires aux yeux, des esclaffements
aux lèvres.

Oh ! ce réveil de l'Être chaste ! s'être senti effleurer
dans son rêve par des ailes de séraphins, avoir été
éblouie par l'apothéose des majestés célestes et se
retrouver dans un salon de débauches, la risée de
prostituées et de cyniques inconnus !

« Eh ! bien ! Gril-d'Amour, tu pionces, ma fille ? »

V

Différentes dans leurs poses, les filles de volupté
s'offrent radieuses.

Le visage empourpré par les chaleurs du dîner et
les vapeurs des libations à outrance, les tout vêtus de
noir, monocle à l'œil, les tout étoffées de printanières
couleurs, éventail aux doigts, font, comme maquignons
en foire, un long et minutieux choix.

Différentes dans leurs poses, les filles de volupté
s'offrent radieuses.

VI

Et les Prises bientôt vont, bétail d'amour, par
deux, couples infâmes. — Elle, la si blanche, au bras
d'une titanesque négresse, antithèse voulue — dans
l'irradiante lumière des phalènes de feu, dont la splendeur diamante les lys des poudres, illumine les roses

des carmins, se regardant, rieuses et folles, en les vastes miroirs.

Elles vont, les Passives, ayant au front, dans leur aurore stigmatisée par les rides, l'insouciance de leur dégradation.

Elles vont, bétail d'amour, par deux, couples infâmes.

VII

Dans la luxueuse maison des Spasmes, la démence est dans toute son acuité.

Ce n'est que cris de joie, chants d'ivresse, heurtements de coupes.

Une monumentale pendule, aux heures de dessins obscènes, avec des sons d'horloge monacale, sonne douze fois. — Minuit ! l'heure à jamais inoubliable où un ange du ciel est descendu cueillir, sur ses lèvres pâlies, le dernier souffle de sa mère. Ivre, la titanesque négresse aux yeux de lys encerclés d'ébène, aux dents blanches nimbées de pourpre, lui rythme une chanson d'amour. Soudain, plus vivace que jamais, la surnaturelle apparition surgit devant ses yeux vitrifiés et hagards ; sur sa funèbre couche, la morte sacrée se redresse et fixe sur elle un regard de statue, regard d'abord sans vie, mais qui bientôt s'embrase d'horreur ; et l'ilote de Gomorrhe, terrifiée, l'entend crier, le bras tendu vers elle :

« Monstre que renient mes entrailles, sois damnée ! »

Alors, au milieu des rires et des sarcasmes, la maudite, effrayante à voir, pousse un cri surhumain, et reste inerte et bientôt glacée entre les bras de la négresse, subitement affolée de terreur... Morte !

Elle était morte.

Dans la luxueuse maison des Spasmes, la démence est dans toute son acuité ; ce n'est que cris de joie, chants d'ivresse, heurtements de coupes.

VIII

Le jour commence à filtrer entre les raies des persiennes toujours closes, les lumières sont éteintes et les salons déserts.

Sur un lit à l'alcôve et au ciel plaqués de glaces dans lesquelles se reflètent mille doux visages de martyres convulsées sous les tortures, blanches figures encadrées de cheveux noirs, aux lèvres décolorées, aux paupières entr'ouvertes, elle dort pour toujours, ses mains diaphanes croisées sur sa poitrine, sans croix.

Près du lit, sur une petite table, recouverte d'un drap blanc, flambent deux bougies; une vieille femme à la face boursoufflée et rouge, puant l'alcool, veille le cadavre.

Dans les chambres voisines, soupirant des mots furtifs, chantent des voix, ronflent des gorges.

Une toute jeune femme, l'œil vitreux, ombré de lilas, la crinière d'or flottant sur son dos à la peau halitueuse, entre sans bruit, se signe, s'approche du lit, se penche sur la pâle tête de la morte, la baise longuement, s'agenouille et prie, sous les regards gouailleurs de la vieille.

Sa prière finie, la toute jeune femme s'asseoit, les yeux brillants de larmes, attachés sur le visage de celle qui n'est plus.

Le jour commence à filtrer entre les raies des persiennes toujours closes, les lumières sont éteintes, les salons déserts.

I X

La vieille femme à la face boursouflée et rouge remplit un verre de rhum, le déguste, tousse, sourit, hoche la tête.

La maison s'endort, la rue s'éveille.

Après avoir regardé un instant la toute jeune femme à la crinière d'or, l'horrible lui dit d'une voix rauque et cassée :

— Et ton couché, Flanelle-de-Soie ?

— Il dort, mère Tulipe.

— Tu l'aimais donc bien, cette Gril-d'Amour ?

— Beaucoup, non comme tu le supposes, mais d'une tendresse de sœur... Pauvre et douce créature... Morte !

— Oh ! çà arrive à tout l'monde... On la disait noble.

— Elle l'était.

— Comment est-elle venue jusqu'ici ?

— Après la mort de sa mère, son père but pour oublier d'abord, ensuite par passion. Dès lors, il joua, entretint des femmes, se ruina, puis, sans ressources, fit des faux... Un de ses anciens compagnons de

débauche le sauva du bagne à la condition de possé-
der l'enfant.

— Et le père livra sa fille ?

— Oui.

— Il fit bien... Le bagne, parait que c'est pas
rigolo... A la place du père, j'en aurais fait autant.

— Je ne pense pas comme toi.

— Des goûts et des couleurs faut jamais disputer,
ma chatte. Veux-tu un doigt de rhum ? Il est exquis.

— Merci, non.

— T'as tort... A ta santé, Flanelle.

— A la tienne, mère Tulipe.

— Çà réchauffe !... Tu crois donc dans l' bon Dieu,
que t'as prié tout-à-l'heure ?

— Je cherche à y croire.

— C'est une faiblesse.

— Non, c'est une espérance.

— Alors, tu penses que Gril-d'Amour ira au ciel?

— Peut-être.

— Çà s'rait drôle !... du "claque" aller dans l'
paradis... Et toi, est-c' que tu crois y aller ?

— Je l'ignore... toutefois, je pense à Magdeleine.

— La Trois-Trous ?

— Non, celle de l'Évangile.

— Ah! celle de... l'É...vangile! oh! oui, je m'
souviens,... un' gonzesse des temps passés qui s'était
convertie,... et qu'avait baisé la queue de tunique à
Jésus... Des blagues, tout çà, ma pauvre fille... d'
la jeanfoutrerie ; car l' paradis, c'est l'existence bath
du riche qui vit sans inquiétude ; l' purgatoire, cell'

de celui qui turbine pour vivre ; l'enfer, cell' du gueux sans travail ou trop malade ou trop vieux pour turbiner, qui crève de froid, claque de faim... De la jeanfoutrerie, que j' te dis !

— Possible, mère Tulipe, mais parlez plus bas, car à défaut de tout culte, la mort en est un.

— Beu ! quand on est mort, on est mort... Aujourd'hui, elle ; demain, nous... C'est la vie... mais v'là qu'on t'appelle.

— Oui. Notre couché se sera réveillé... Je pars, pour revenir, dès que je le pourrai.

— Va à tes p'tites affaires, ma chatte, va. (*La jeune femme embrasse la morte.*) Avant de donner des baisers au vivant, tu en donnes au mort ; c'est presqu' un' profanation pour un' fill' qu'a d' si bons sentiments.

— Non, mère Tulipe, c'est une purification. (Elle sort.)

— Un' pu-ri-fi-ca-tion !... J' te vas neyer !... Celle-là est encore, çà s' voit à son langage, un' de ces d'moiselles qu'ont z'évu des malheurs, comme cell'-ci qui pique son dernier somme... Ces femmes-là, c'est des poseuses, des tas d' bégueules qui n' font la rigolade que parc'qu'elles n' peuvent faire autrement... Çà n' trinque d'amour que du bout des lèvres, à moins qu' çà n' soit soûles... Des tas d' toupies, quoi, qui m' font suer... tandis que moi, fill' de la misère, nourrie d'air, chauffée de coups, sans métier... toute gosseline.... tiens, fallait bien manger ! j'ai fait la peau... puis, dès que j'ai eu à peu près l'âge, j' suis entrée au claque !... Là ! plus d' misère... plus

d' coups avec les frangins et les macs qui s' pochar-
daient avec mon os... sans m'inviter... O le claque !
jamais froid, jamais faim... manger, boire, rigoler la
nuit, dormir le jour... C'était l' bon temps... mais,
baste, on n' peut être et avoir été... Quand j' taperai
de l'œil, j' mourrai bien tranquille... sans r'mords,
car j'ai jamais fait d' mal à personne.., au contraire...
ni volé, ni tué... Ma peau était à moi, j'en ai disposé
comme j'ai voulu... et pu... J'ai pas d'mandé à venir
au monde... Puis, après tout, ça peut être vrai, si y
a un bon Dieu et qu'y m' dise, un jour, qu' j'ai fait la
noce, j' lui dirai : Fallait m' faire dans un monde bien
et non dans un monde de fripouilles... ou bien de
gens riches... Tiens, c'est vrai, çà, pourquoi qu'il...
Ah ! flûte ! v'là mon flacon presque vide... Quand y
s'ra à sec, si j' puis m' tenir sur mes fusons, j'irai en
chiper d'autres à de bonnes filles.

... Le rhum, v'là mon culte. à moi !

Et la vieille femme à la face boursoufflée et rouge
remplit son verre, déguste le brûlant liquide, tousse,
sourit, hoche la tête.

La maison s'endort, la rue s'éveille.

ANARCHISME DE POÈTE

en bonne amitié à Léon Deschamps.

LES Temps Cruels ont vécu. Leur souvenir reste en
la mémoire des Peuples ainsi que les cauchemars
d'un rêve où des Visions de Torturés, le corps troué
de plaies, rouge de sang, ont grimacé, hurlé.

J'aurais été Dieu, — dans le sens biblique — des
Bourreaux, j'eusse fait les Victimes, et les Bourreaux
émerveillés, auraient vu les Victimes de leurs bras
déchirés faire le geste qui pardonne, de leurs lèvres
au rictus de suppliciés dire le mot qui absout.

... Les Opprimés sont les Justes.

A l'horizon se lève un Soleil d'Amour Fraternel.
Déjà sa lumière illumine le ciel. — Bras tendus, la
Pitié, la Charité accourent devant Lui, les Malheureux que ce grandiose spectacle électrise, tendent leurs
mains amaigries, lèvent leurs faces décharnées.

... Le Dieu, voici le Dieu !

Malheur aux Yeux qui ne veulent pas voir, aux
Oreilles qui ne veulent pas entendre.

... Le radieux Soleil triomphera.

Et il sera sanctifié.

Et c'est le Cœur qui officiera dans le Temple de ce Dieu — Soleil d'Amour des Hommes Frères.

Le Cœur qui n'a ni Caste ni Religion, comme l'Art ni Caste ni Patrie.

Le Cœur, Immensité sans commencement ni fin, rayonnante d'exquises tendresses et de touchantes pitiés, acclamée par tout ce qui est Noble, huée par par tout ce qui est Vil.

Et voici râler les Temps Égoïstes de l'Humanité, aveugle aux tableaux des Souffrances, sourde aux cris d'Angoisse et d'Appel, qui passe, impassible, méprisante, comme Elle passait, en les Temps cruels, l'œil ravi, la lèvre pâmée, dans l'allée embrasée où, hurlants de douleur, attachés à des poteaux, des Esclaves flambaient.

Soleil d'Amour Fraternel, Toi qui, comme un Messie, t'avances à l'Horizon sur des nuages noirs et sombres, aussitôt roses et lumineux, hâte ta marche triomphante, afin que dans les Ténèbres d'une Nuit tragique, le Glas des Revendications ne sonne pas l'épouvante à tout ce qui vit.

Accours, avant que le Tocsin des Guerres Fratricides n'ait hurlé l'heure du combat d'Extermination, où, le lendemain, le rouge de la terre ensanglantée rendra pâle la pourpre du ciel au soleil levant. Accours, au nom des mères, des épouses, des enfants des deux camps, qui, la figure angoissée, des larmes aux yeux, tendent, suppliants, leurs bras aux mains jointes, et tordues devant les deux armées sur le champ de bataille de l'existence, s'avançant l'une contre l'autre. Accours, O Soleil, car ils seront bientôt visage contre visage, poitrine contre poitrine !

Viens, viens, la Légion des Opprimés, des Miséreux, des Affamés sera sur ton passage : les Hommes, des reconnaissances aux regards, les Femmes, des bénédictions aux lèvres, les Jeunes Filles, des fleurs à la main, les Petits Enfants des ravissements aux yeux.

Viens, Astre Radieux, et les Cœurs de Glace seront des Cœurs de Soleil, faits de tes Rayons.

Les Temps Cruels ont vécu, les Temps Égoïstes expirent, et — Sublime Apothéose — voici s'avancer dans leur marche acclamée les Temps où les Hommes seront Frères et les Peuples Unis.

POUR RIRE

—◦◦◦—

J' F'RAI UN BON GENDR' DANS UN' FAMILLE RICHE.

...Xcusez, car j' suis pas un artiste.
... Suis tout simpl'ment un rentier...
Sans rent's... et c'est ça qui m'attriste,
Et m' fait v'nir un brin vous causer.
En quatre mots voici la chose :
Comm' suis pas cor' trop décati,
J' voudrais m'établir gendr'... pour cause.
Bref... J' voudrais faire un bon parti,
Avec assuranc', je l'affiche,
J' f'rai un bon gendr' dans une famill' riche.

Oh ! il faut que j' vous tranquillise.
Je n' louch'rai pas d'ssur le morceau...
Ça m'est égal la marchandise,
Qu'elle soit blanche ou brun' de peau,

Qu'elle ait d' l'esprit ou qu'ell' soit bête,
J' m'en fich' comm' de Collin-Tampon !
... Pourvu qu'ell' m'apport' d' la galette,
C'est tout c' qu'y m' faut dans mon union.
... D' ses charm's particuliers, j' m'en fiche.

J' f'rai etc.

Je m' laiss'rai par la bell' famille
Dorlotter comme un p'tit Saint-Jean,
Et je voudrais qu'en plus d' la fille,
L' beau papa et la bell' maman
Soient à mes plus petits caprices,
Et m' servent comm' des moricauds.
Si n' voulaient pas m' gorger d' délices,
Je leur z'y casserais les os.
J' voudrais qu'y m' r'gard'nt comme un fétiche.

J' f'rai etc.

Je ferai un dieu de mon ventre,
Avant quinze jours, je serai
Gras et dodu comme un bon chantre.
Ah ! quels chouett's de festins je f'rai.
Je m' gav'rai de choses divines
Plus exquises que l' p'tit salé.
J' boirai l' bourgogne à plein's chopines...
Et vingt sous d' goutt' dans mon café.
De me piquer l' nez, s'rai pas chiche.

J' f'rai etc.

J' voudrais pas d'homme à mon service,
Rien qu' des p'tit's femm's au frais minois,
Qui m' feraient des œils en coulisse :
Ça s' compiend, quand on est pas d' bois.

Aussi pour pas qu' ma cuisinière
S' saliss' les mains dans ses travaux,
Je lui enverrai ma bell' mère
Pour lui astiquer ses fourneaux.
Ell' s'rait l'esclav' de ces p'tit's biches.

J' f'rai etc.

Jusqu'à midi, j' f'rai d' la flanelle,
Dans un lit ousqu' y aurait des draps.
Je n'aurai pas besoin d' chandelle,
Pour m' lever frais, comme un lilas.
Pour mettre un v'lours sur ma pituite,
Ma tendre épous' m'apporterait,
Ainsi d' mêm' qu'à ma favorite
Des bonn's bouteill's de vin clairet,
Avec des huitr's plein une bourriche.

J' f'rai etc.

Boir', manger, dormir... quel beau rêve !
Ne rien fair', quel chouett' de métier !
... Le soir, je m' pai'rai des fill's d'Ève,
En cabinet particulier.
Comm' je n' suis pas d'humeur très fière,
Quand j' soup'rai z'avec Cupidon,
J'emmènerai papa beau père
Qui d'ailleurs sold'ra l'addition.
Je l' f'rai me suivr' comme un caniche.

J' f'rai etc.

La r'connaissance est l' fond d' mon âme.
Si j' faisais à forc' d' rigoler,
Claquer les chers parents d' ma femme,
En vrai « gentelman » j'agirai.

Je leur z'y ach't'rai un' couronne,
Avec ces mots écrits dessus :
« Un gendr' qui de bon cœur la donne
A d' beaux parents qui ne sont plus »
... Je l'accroch'rai z'à un' corniche.

J' f'rai etc.

... Xcusez, y faut que je m' cavale...
Car chez le chand d'vin, on m'attend.
Mais si par hasard dans la salle,
Un rich' papa, un' rich' maman,
Désiraient me donner leur fille,
Bossu', borgne, idiot', j' m'en bats l'œil,
Je l'accepte et dans la famille,
Je rentre aussitôt sans orgueil,
Comme un chinois dans un' potiche...

J'suis l'idéal des gendr's pour famill's riches.

LES TABLES D'HÔTE

En bonne amitié à Joseph Relland.

DANS les tables d'hôte, en province,
Un peu partout et même ailleurs,
Si on n' trouv' pas toujours des princes
On voit des commis-voyageurs,
Gens qui dans leur vin n'mett'nt pas d'eau ;
  C'est très rigolo.

Y a, la figur' jamais triste,
Les gros bonnets des environs,
Qui appell'nt les garçons « Baptiste »
Et d'mand'nt trois fois du mironton,
Et qui s'empiffr'nt de gros morceaux :
  C'est très rigolo.

Y a des pensionnair's très dignes,
Raides comm' des bonshomm's en bois,
Avec des têt's de porte-guigne,
Lavés avec du beurr' d'anchois ;
Y ne prononc'nt jamais un mot :
  C'est très rigolo.

L'été, tout le monde est touriste,
Grâce aux billets d'circulation,
Y a des excursionnistes
D' n'importe quell' position.
Y mang'nt beaucoup et parl'nt très haut :
    C'est très rigolo.

Y a aussi les coupl's novices,
Les mariés de quelques jours,
Dont les yeux, sans cesse en coulisse,
Ont des jolis regards.d'amour
Et qui s'chuchottent de doux mots ;
    C'est très rigolo.

A côté d'un rastaquouère
Y a la dame aux yeux noircis :
Aux gens chics, ils voudraient la faire,
Mais on voit bien qu'ils sont farcis,
Ell' d'un' marmite et lui d'un dos,
    C'est très rigolo.

Y a la famill tout' entière
Qui dans la ville du chef-lieu
Un petit tour est venu' faire
Pour s'désembourgader un peu,
Mais ils ont tous l'air de magots :
    C'est très rigolo.

Y a les officiers d' la place,
Ou cavaliers ou fantassins,
Qui ont tous des regards de glace

Pour les misérables pékins,
Dont ils sort'nt tous petits et gros.
      C'est très rigolo.

Tout comme sur un champ d' bataille,
Un général, le maîtr' d'hôtel,
Donne des ordr's à la val'taille,
Avec des gest's à la Cromwel,
— Y s'prend au sérieux et s'trouv' beau !
      C'est très rigolo.

Ya les garçons qui perd'nt la tête
Et qui vous apportent souvent
Un cure-dent pour un' cot'lette,
Puis, si vous semblez mécontent,
Qui vous donn'ent au diable « in petto » :
      C'est très rigolo.

Y a moi aussi qui rigole
D'la touche et de la tronch' des gens,
Qui d' leur côté se paient ma fiole
Et s'ébaudiss'nt à mes dépens,
Mais qui comm' moi pai'ront l' fricot :
      C'est très rigolo.

Si j'tais ma sœur

Je n' s'rais pas d'vant vous en casquette,
En «philosoph», en requimpette,
    Si j'tais ma sœur ;
Non, je s'rais en cuirasse ed soie,
Au soleil qui brille et flamboie.

J' fum'rais pas des cigar's qu' j' ramasse
Sous les pieds sal's d' la foule qui passe,
    Si j'tais ma sœur ;
J' fum'rais des cigar's d' la Havane,
Des vrais, gros comm' le cou d'un' cane.

Au printemps surtout, quand parl' l'âme,
J' laiss'rais pas s' consumer ma flamme,
    Si j'tais ma sœur ;
Quand l' dieu d'Amour m' trot'rait en tête,
J' lui f'rais des bécots, des risettes.

J' n'aurais pas toujours l'stomac vide,
J' touss'rais pas, je n' s'rais pas livide,
    Si j'tais ma sœur ;
Je m' gaverais de chouett's ed choses,
J' s'rais fraich' comm' un bouton ed rose.

J' couch'rais pas dehors quand y gèle,
J'aurais pas la lun' pour chandelle,
    Si j'tais ma sœur ;
J' dormirais dans un lit d' plum's ; comme
J'en taillerais, mon Dieu, d' ces sommes !

J'aurais pas la face en équerre,
Comm' la cell' d'un m'sieur qu'on enterre,
    Si j'tais ma sœur ;
De fleurs je joncherais ma route,
J' voudrais rigoler comm' un' « tourte ».

J'aurais pas hont' d' mon frère, et, seule,
Avec lui j'f'rais pas ma bégueule,
    Si j'tais ma sœur ;
J' lui donn'rais d' l'os tout plein ses poches,
Pour qui fass' aussi des bamboches ;
    — Mais' j' suis pas ma sœur !

L' bon Dieu, peut-êtr' avec malice,
M'a fait là un' grand' injustice :
Mais j' lui dirais : n'ayez pas peur !
Car je n' sais pas pourquoi, en somme,
Il l'a fait femme et puis moi homme ?
J'y avais rien fait au bon Dieu.
— C'est pas bien pour un homm' si pieux ! —
Puisqu'y voulait m' fair' cett' sal' niche,
Fallait alors qu'y m' fasse riche,
J' m'en s'rais fichu d' pas êtr' ma sœur !

Mari de Rosière

J'tais boulanger de mon état.
Un jour lassé du célibat
Je me dis : Y faut que je m' marie.
En route donc, pour la mairie !
J·épousais, çà, c'était malin,
Un' fill' honnêt' pour le certain ;
Car cinq mois avant, monsieur l' maire,
Y l'avait couronné' rosière.

Quatr' mois après, j'étais papa,
C'est ma bell'-mèr' qui m'expliqua,
Qu' chez les mitrons c'tt' avanc' de chose,
Arriv' parfois, ayant pour cause
La chaleur du four simplement.
— « C'a fait l'effet d'un' serr' souvent »,
Me dit un soir, Monsieur le maire,
Qui l'avait couronné' rosière.

La nuit, je geignais au turbin,
Et c'est ma femm' qui le lend'main,
Portait le pain à domicile ;
Mais c'était épatant, en ville,

En fait de clients nous n'avions
Que des ménages de garçons,
Chics messieurs de la haute esphère,
Qui l'avaient tous connu' rosière.

L' commerc' marchait caha-cahin,
La faillit' vint un beau matin,
On partit pour la capitale :
Y avait un' foul' colossale,
Pour la voir monter en wagon,
— Les trois quarts des homm's du canton. —
L' chef de gar' qu'était sans manière,
Pour tous embrassa la rosière.

A Paris, j'ai-eu beau chercher,
Nulle part, j' n'ai pu m'embaucher ;
Ma femme a été plus heureuse,
Au Moulin-Rouge elle est danseuse ;
Un établiss'ment très bien t'nu,
Où il n'y a que des vertus...
... Paraît que c'est un' pépinière,
Un' vrai' pépinièr' de rosières.

Des fois, ell' ne rentr' qu'à midi,
Quand ell' donn' des séanc's de nuit,
... Puisqu'on n'est plus dans la boulange,
D'un' façon ou d'autr' faut qu'on mange.
Un pied au moins au-d'ssus son nez,
Ma femm' gagn' sa vie à l'ver l' pied :
Pour un caissier, c'est ordinaire,
Çà ne l'est pas pour un' rosière.

Ma femm' m'a fait connaître un soir,
Des genss qui font honneur à voir,
Messieurs de petit's dam's très chouettes,
Brav's amis qu'ont des roufflaquettes,
A leur mode, je me suis mis ;
Çà m' va très bien... on voit qu' j'en suis,
... En m' voyant, ça m' rend l'âme fière ! —
On dit : « C'est l' mari d'un' rosière. »

VIEILLES HAINES

LA femme est caus' de tous nos maux,
La femme est caus' de tout's nos peines,
Heureusement que nous, les dos,
On sait rendr' légères nos chaînes.

Sans cesse ell's piaul'nt, c'en est rasant,
Du jour d' l'an à la Saint-Silvestre,
Aussi je gémis en pensant
Aux joi's du Paradis terrestre.

Aux joi's perdu's, v'là le chiendent,
D' la faute à Eve, un' taupe, en somme,
Qui avec je n' sais quel serpent,
S'tait mise à boulotter un' pomme.

Si nous sons dans l' cinquièm' dessous,
Et si nous sons de pauvr's infimes,
Pour vivr' si faut fair' les marlous
Et fair' truquer nos légitimes,

C'est d' la faute à c'tte gonzess' là :
Aussi j' lui garde un chien d' ma chienne,
Mais, dam' comme elle n'est pas là,
J' suis forcé d' fair' trinquer la mienne.

Tous les jours du soir au matin,
J' lui tann' la peau et la bidoche,
Surtout lorsque c'est un lapin,
Qu'a s'a fait poser dans la poche.

J' tap' dessus, mais c'est épatant
Comme elle a, bon Dieu, la vi' dure !
Mais je n' la cogn' pas par devant,
Car jamais je vise sa hure.

Car y n' faut pas, ça c'est certain,
Détériorer sa marchandise.
C'est bon pour un jeun' marloupin
D' viser la caboch' qu'il défrise.

La vi', c'est pas gai, je le dis,
Souvent on coul' des s'main's moroses,
Tandis qu' dans l' terrestr' Paradis,
Y avait qu'à effeuiller des roses.

C' que je regrett' c'tt' existenc'-là !
Fallait y qu'Adam y soit bête !
En c' moment, si je l' tenais là,
C'est moi qui lui boss'rais la tête !

Mais je m' figure, avec raison,
Que le soir, quand ma légitime
Tent' par sa p'tit' conversation
Un pant' qui trouv' girond' sa frime,

Que ce pante-là, c'est Adam,
Et que ma légitim' c'est Ève.
Quand je le peux — et l' peux souvent,
Avecque des mecs, je le crève.

Alors le cœur bath et réjoui
Avec son or on fait bombance !
L' Paradis terrestr' d'aujourd'hui,
C'est quand on en a plein la panse !

Juste Orgueil

Un vieux monsieur aux cheveux blancs,
Les paupières à demi closes,
Contemplait les ébattements
D'un groupe de fillettes roses.
Il souriait et cependant
Il pleurait en les regardant,
Lorsque, laissant cerceaux, raquettes,
Vers lui vint une des fillettes.

Ses grands yeux noirs ensoleillaient
Sa fraîche et mutine figure,
Sur ses épaules ruisselaient
Les ors fins de sa chevelure.
Elle dit : « Bon monsieur bien vieux,
J'ai vu des larmes dans vos yeux,
Je viens pour vous faire sourire ;
Vos chagrins, il faut me les dire ».

Il répondit : « Comme il vous plaît ».
Alors, dans un très doux langage,
Il lui conta comme il souffrait
D'être seul au monde, à son âge,
Sans nulle personne à chérir :
Végéter toujours et souffrir
Sans entendre un mot de tendresse,
Sans recevoir une caresse.

Avec un regard triomphant,
Une douce voix de sirène,
Lorsqu'il eut terminé, l'enfant
Lui causa, la main dans la sienne ;
Il était là, le pauvre vieux,
Les yeux rivés sur les grands yeux
De la mignonne aux boucles folles,
Haletant, buvant ses paroles.

Une vieille, en tablier blanc,
Observait l'homme et la fillette.
En les voyant quitter leur banc,
Partir en faisant la causette,
Radieuse, elle s'écria :
« Qu' ça fait donc plaisir de voir ça !
Foi de grand' mèr' mon œil se mouille.
... Jamais ell' ne rentre bredouille ».

La Goule de Travers

en bonne amitié à J. Canqueteau.

Défunt' ma mère était une rose
Et feu mon père un papillon,
Bien entendu qu'ici je cause
Par pur' « metamorphysicion ».
La rose — ma mèr', — quelle femme !
Plus ros' que les roses ses sœurs,
Embaumait des parfums d'son âme
Les papillons rich's en couleurs.

Le papillon, mon pèr' — quel homme ! —
Sept pieds, six pouc's, pesant deux cents,
Las d' s'endormir chaqu' nuit, en somme,
Dans l' sein de fleurs à tous passants,
— Fleurs dont les piqûres cruelles
Faisaient saigner souvent son cœur, —
Résolut de r'poser ses ailes
Dans la coroll' d'un' chaste fleur.

Les papillons sont gens pratiques,
— Mon pèr' l'était, je l' tiens d' maman.—
Délaissant les plat's band's publiques,
Il changea d' quartier, ça s' comprend.

Un jour, il vit dans un parterre,
Un' ros' au volum' sans pareil.
En le voyant la ros', ma mère,
Pudiqu'ment, piqua son soleil.

Ils se plur'nt. L'amour, douce chose,
Perça leur cœur d' son aiguillon,
Le papillon aima la rose,
Et la rose le papillon. -
Ils s'unir'nt. L' soir du mariage,
L' papillon, mon pèr' s'aperçut
Qu' la ros' n'avait plus son feuillage,
Il en d'vint jaune et fut déçu.

Cinq mois après la ros', ma mère,
Dut fair' quérir l'horticulteur
Pour rendre le papillon père
D'un frais bourgeon, votr' serviteur.
Mais comm' la rose, fleur coupable,
Maudissait trop haut le destin,
Papa, d'un coup d' poing formidable,
Lui froissa son cœur de satin.

Comm' c'tait l' moment psychologique,
Où votr' serviteur d'v'nait bourgeon,
Sur sa fac' sans fleur d' rhétorique,
Il reçut un fameux oignon.
Il en vit des chandell's par brasses,
Feux lumineux, jaun's, roug's, blancs, verts !
... V'là pourquoi je fais la grimace,
Et que j'ai la goul' de travers...

J' SUIS NÉ POUR ÊTRE UN HONNÊTE HOMME

ÉTANT gamin, mes père et mère,
Deux bois sans-soif — deux vrais pochards,
Bien qu' j'en avais pas l' caractère,
M' faisaient mendier d'ssur les boul'vards.
L' soir, quand la r'cette était fructueuse,
C'étaient des noc's à tout casser.
Par contr', quand ell' n'tait pas heureuse
Y s' gênaient pas pour me rosser.
C'était pas d' ces plus gai, en somme,
Que je m' disais vec conviction.
Y m' f'ront manquer ma vocation,
J' suis né pour être un honnête homme.

Garçon coiffeur, c'tait ma marotte.
On n' voit que d' beau monde, en c't état.
Les haut's madam's, les grand's cocottes,
L' matin, vous r'çoiv'nt sans apparat.
— Au lieu de dégraisser les têtes,
Aujourd'hui j' dégraiss' les goussets,
Les nuits où j' fais pas d' bonn's recettes,
D'ssur le cœur y m' pass' comm' des r'grets.
Aussi quand j' rentr' piquer mon somme,
Je me dis avec affliction :
— Vrai, j'ai manqué ma vocation,
J' suis né pour être un honnête homme.

Ça me touch', quand à leurs emplâtres,
J' vois les papas et les mamans,
Dimanch' leur z'offrir le théâtre,
Ou un' ballade dans les champs.
Ça m'embête, d'honneur, parole,
— Mais, dame, à chacun son métier —
Quand le soir, j' les trouv' pas mariolles,
Avec un blair long comm' leurs pieds.
Car pour les grincher, j' les assomme.
— Ça m' navre, c'tte opération, —
Car, j'ai manqué ma vocation,
J' suis né pour être un honnête homme.

Quand y en a qu'un, ça passe encore.
J'y fais son affaire en deux temps.
Car y a rien au mond' que j'abhorre,
Comme de voir souffrir les gens.
Je ne f'rais pas d' mal à un' mouche.
— Derrièr' le pante en tapinois,
J'y colle un foulard sur la bouche
Et j'y fais l' coup du pèr' François.
... Quand y gigott', j'y viss' sa pomme.
... Seul'ment ça m' troubl' ma digestion.
Car j'ai manqué ma vocation,
J' suis né pour être un honnète homme.

Un arabe a dit que la femme
Etait l'...ang' qu' aidait à passer
Le désert à l'homm', ... sur mon âme,
C' macach'bono savait causer.
... Moi, sans rien fair', je roul' ma bosse.
... La grand' Zoé turbin' pour moi,

Raide encor' ... ell' sait que j' la rosse,
Quand le matin, ell' rentr', l'air coi,
Avec pas d'os pour son p'tit homme.
Mais, ça me pein', chaqu' correction.
Car j'ai manqué ma vocation,
J' suis né pour être un honnête homme.

Vrai, je raffol' d' la vi' d' famille,
Ça m' fait plaisir d' voir les bourgeois,
Roupiller la conscienc' tranquille,...
Quand, la nuit, j' vais chez euss, quequ' fois.
Mais ce qui vraiment me chagrine,
C'est quand par malheur, s' réveillant,
Y m' « voient » ... faut que je les chourine,
Pour fair' mon p'tit truc tranquill'ment.
... Y peuv'ent jamais finir leur somme !
Pour moi, c'est un vrai de guignon,
Car j'ai manqué ma vocation,
J' suis né pour être un honnête homme.

C' qui m' turlupin', c'est que la rousse
M' cherch', pour en avoir saigné deuss.
... Je n'aim' pas voir c' monde à ma trousse...
... Y m' fait songer au grand Faucheux.
Pincé, j' suis sûr dans la lunette,
D' fourrer mon cou sans conviction,
Et je dirai, avant qu' ma tête,
Eternu' dans l' panier plein d' son :
... T' v'là empaumé, mon gentilhomme !
... Adieu la verte, adieu l' jupon !
... Vrai, j'ai manqué ma vocation...
J'tais né pour être un honnête homme !

MÉLANCOLIE DE GUEUX

MONOLOGUE

en bonne amitié à Aristide Bruant.

C'ÉTAIT par un beau jour d' printemps.
L' soleil dorait les joues rosées
Et la chev'lur' des petits enfants
S'ébattant aux Champs-Elysées.

Les att'lag's du « highlif » mondain
Et les çeuss des bell's de Cythère,
Passaient et r'passaient à fond d' train,
Soul'vant des nuag's de poussière.

Que d' rich's toilett's aux fraîch' couleurs !
Et d' girons et piquants physiques,
C'tait comme en des corbeill's de fleurs
Des frimouss's d' p'tits amours bachiques.

Les larbins raid's comm' des docteurs
Et poudrés comme des cocottes,
Rasés d' près comme des acteurs,
En tube, en chouette de lolotte,

4

Se' tenaient les deux bras croisés,
Immóbil's comm' des estatues,
D' leur siég' narguant les va-t-à pieds,
S' croisant dans leurs allé's et v'nues.

Les « exportman », les messieurs d' ch'val,
Les dam's « itou », la haute « esphère »
Cracolaient sur leur z'animal,
Une fleur à la boutonnière.

C'était beau, mais ça m' disait rien.
Et j' faisais un' piteus' de mine,
J' n'avais mangé chez Ledoyen
Qu'avec l'odeur de sa cuisine.

L' malheur, c'est qu' ça m'arriv' souvent
De n' boulloter qu' par les narines.
— Pour un homm' c'est pas suffisant :
Pauvr's nous, les ceuss dans la débine !

Dir', — c'est pas d' ces plus rigolos,
Qu' y en a qu'ont de la galett' pour quatre !
J' pensais ça, quand des p'tits oiseaux,
A côté d' mon banc, vinr'nt s'ébattre.

Y sautillaient en pépiant,
Piquant la terr' vingt fois par s'conde
Je me pensais intérieur'ment
Qu' c'étaient euss les heureux de c' monde.

Y n'ont pas besoin de s'ach'ter
De grimpant, de pan'tot, d' casquette,
Y trouv'nt toujours à boulotter :
... Entre nous, c'est rudement chouette.

Quand y z'ont soif, les p'tits coquins,
Dans un ruisseau, s' paient d' la Vallace.
... Pour euss, c'est un nectar divin.
A moi, c'a m' fait fair' la grimace.

C'est des bidards ! pour se marier,
Ce qu'y s'en pass'nt de monsieu l' maire !
Chez euss pas d' patron ni d' métier,
Pas de sergot, pas de bell'-mère.

C'est des bidards, parol' d'honneur !
Puis j' m'en étais allé, — tout chose,
En pensant dans mon intérieur
A c' qu'on dit d' la «metamp'chicose».

Et je m' disais que certain'ment
S'y m' fallait r'pousser sur la terre,
Gueux comme aujourd'hui, et traînant
Toute une existenc' de misère,

Je demand'rais à revenir
Un p'tit oiseau au chaud plumage,
Et je m' voyais avec plaisir
Roucouler à l'ombr' du feuillage.

Quand à la vitrin' d'un traiteur,
— A mon beau rêv' quel anicroche ! —
Je vis, tableau rempli d'horreur,
Tout prêts à êtr' mis à la broche,

Des p'tits oiseauv, dodus, ...bien gras...
... Ah ! mais non ! que j' me dis tout bête,
C'est un' fin que je n'aim'rais pas ;
Et je préfèr', réflexion faite,

Rester c' qu' je suis et mêm' jeûner,
Plutôt qu'un jour, mis en brochette,
Etre mangé dans un dîner,
A la pointe d'une fourchette.

Alors, sur ce, pour m' consoler
Et pour aussi rompre ma diète,
Un verr' d'eau d'aff, j' m'en fus chiner
A mon hôtel du Rat-qui-pête.

L'Ennemi des Bourgeois

Sur la scène, un artiste chouette,
S' présent' en habit noir, malheur !
Moi, je me présente en casquette,
Car j' suis un ouvrier zingueur.
Je zingue quand y a de l'ouvrage,
Mais l' commerc' va cahin-caha...
J' peux pas trouver de l'embauchage,
Il est vrai que j'en cherche pas.

Je suis un homm'... pas un esclave
Et tout homme a sa dignité :
Dignité d'homm' libre qui brave
Les préjugés d' la société.
Y me déplait, à moi, en somme,
— Car ça humili' ma fierté —
De travailler pour un autre homme,
Mon égal dans... l'éternité.

Travailler !... s' disloquer l'échine,
Arroser la Terre ed sa sueur,
S' fatiguer, s' crever la poitrine,
Ça s'appell' travailler... Ta sœur !

Y a un meussieu qu'a dit : — c'est triste ! —
Que l' travail c'tait la liberté.
Si jamais j' rencontrais c' fumiste,
J' lui en coll'rais d' la liberté.

L' travail !... c'est un rest' d'esclavage...
Et tous les ceuss, les p'tits, les grands,
Qui font n'importe quel ouvrage,
Sont des propr's à rien, des fégnants !
Tout un mond' vil qui me dégoûte...
Des genss qu'y font leurs embarras...
... Qu'y n' vous offriraient pas un' goutte...
Des travailleurs, y n'en faut pas.

L' monde est plein d'injustic's, parole !
C'est y just' de voir le bourgeois,
Ventr' déboutonné, qui s' gondole
En voyant l' pauvr' porter sa croix ?
Ah ! les bourgeois, la sale engeance !
Est-c' qu'y travaill'nt, euss,... oui, j' te crois !
... Ah ! c' qui s' la coul'nt douc' l'existence !
C'est pas just' ! j' d'vrais être un bourgeois.

J'ai tout c' qui faut pour ça, je l' jure.
J'aim' la liche et les bons morceaux
Et n' détestr'ais pas sur la hure,
R'c'voir d'affriolants bécots.
J' f'rai travailler comme des nègres,
Tous les ceuss qui me serviraient.
Les gras y d'viendraient maigr's, les maigres,
Y claqu'raient ou ben s'en iraient.

Couché sur des coussins ed soie,
Comme un milord dans son sapin,
A côté d'un' poupée ed joie,
Frusqué' de v'lours et de satin,
Comm' j'aim'rais à rouler ma boule.
... Comm' j' s'rais insolent, orgueilleux.
Avec mépris, j' r'gard'rais la foule,
Qui nous voirait d'un œil envieux.

Mais, j' suis pas un bourgeois, un riche...
J' suis qu'un pauvre ouvrier zingueur,
Sans travail... L' bourgeois y s'en fiche,
Car l' bourgeois, y n'a pas d' cœur.
... Qu'y vienn' jamais un' catastrophe,
Après l' combat, j' s'rai sur l' terrain.
... En attendant, en philosophe,
J' vais prendre un canon... chez l' chand d' vin.

MA P'TIT' SŒUR A MAL TOURNÉ !

Aн ! vrai, pour de vrai, je m'étiole,
Et si, dans mon malheur, j' rigole,
C'est d'un jaun' vert et pas d' bon cœur.
Y a quinz' jours, j'avais d' la braise ;
J'avais l' cœur bath, je d'v'nais obèse,
Car j'étais l' sout'neur de ma p'tit' sœur.
Mais ma p'tit' sœur est mal tournée ;
A la vertu ell' s'est donnée.
Pour s' coller avec un pékin,
Ell' m'a laissé dans le pétrin...
          Moi, son frère,
          C'était pas à faire !

Malheur ! qu'aurait dit ça d'un' fille
Qui n' voyait dans tout' notr' famille,
Qu' l' bon exempl' de chaqu' côté ?
Pour commencer, jadis ma mère
Était la marmite à mon père :
C'tait très beau comm' moralité.
Maman turbinait commé actrice ;
Papa, lui, s' tenait dans la coulisse,
Et si à sa femm' un clampin
Voulait lui poser un lapin,
          Papa, y lui crevait la peau,
          ...Tableau !

Ma grand' sœur Louis', dit' la Saucisse,
A fait l' beurr' de mon frèr' Narcisse,
Faut les voir tous deuss' — c'est touchant !
Prendre leur cuit', tous les dimanches,
Et le soir, comm' deux vieilles branches,
R'v'nir au pat'lin en trébuchant.
Si y' avait pas d' fêt' dans la s'main',
Ma sœur..., ell' crèv'rait à la peine !
Pour qu'ell' puiss' s' dégourdir les os,
Mon frèr' lui donn' un jour d' campo.

C'est pas un égoïsse, mon frère,
...Au contraire.

Enfin, ma deuxièm' sœur, Charlotte,
Connu' sous l' nom d' la p'tit' Mascotte,
Est la largue à mon oncl' Bernard ;
Y font bien leurs petit's affaires.
Comm' Charlotte a d' joli's manières,
Ça lui permet d' fair' l' grand boul'vard.
Quand y vienn'nt chez nous en ballade,
Y z'embaum'nt la chouett' ed pommade,
Y sont flambants, y sont rupins.
Ah ! aussi, c' qu'ell' mouill' dans l' turbin !

Ma sœur Charlotte,
Qué chic cocotte !

Tandis que l'autr' est un' feignante,
Un' qui fait sa poire, un' pédante,
Qu' ça embêtai d' persiller, l' soir,
Et d' dire au passant : Mon p'tit homme,
Viens donc me voir..., j' suis bath aux pommes.
Ça l'écœurait d' fair' le trottoir.

Malheur ! ell' faisait sa princesse
Entr' nous, vrai, c'était d' la paresse.
Ça l'embêtait de turbiner
Afin d' fair' vivr' à s' ballader.

> Son pauvre frère,
> Ah ! misère...

Y paraîtrait qu'un salop d'homme,
Un feignant d'ouvcurier, — en somme,
Un pas grand chos', bien entendu,
Un d' ces gens qui nourriss'nt leur femme,
Sans craint' d' perdr' à c' métier infâme
Leur dignité d'individu, —
Y paraîtrait que c't' homme vulgaire,
L'a conduit' ed'vant meussieu l' maire,
Sans l'idée d' la fair' turbiner,
Pour ne rien fiche et godailler,

> Du soir au matin,
> Qué crétin !

Ma mère en fit un' maladie,
Mon vieux père en a la pépie,
Cett' fill' les a déshonorés.
J' lui prophétis' des jours atroces :
Plus tard ses goss'lin's et ses gosses
Mèn'ront des vies d' gens patentés ;
Ses filles, ell's feront pis qu'elle,
Car ell's se mari'ront d'moiselles.
Et ses morveux mal éduqués,
S'ront ben capabl's de s' foutr' curés.

> C'est un' honnête femme, ma sœur.
> Qué malheur !

J' MEMPOISONN' CHEZ L' CHAND D' VIN

J' suis triste, j' suis mélancolique,
Et nuit et jour je broi' du noir.
Pâl' comm' les ceuss' qu'ont la colique,
J' traîne une existence rasoir.
Sur cett' terr' d' douleur tout m' dégoûte ;
Aussi, pour activer ma fin,
Bien que d' quitter Spasi' ça m' coûte,
    J' m'empoisonn' chez l' chand d' vin.

Spasi' Pichard, ma légitime,
Prétend que je n' suis qu'un pochard,
De m' piquer l' nez ell' m' fait un crime.
Tu m' connais pas Spasi' Pichard !
Moi, poivrot, jamais ed' la vie !
Je suis un homm' qu'a du chagrin...
— Pour noyer ma mélancolie,
    J' m'empoisonn' chez l' chand d' vin.

L'autr' jour j' tomb' malade en province ;
Un docteur m' dit d'un air onctueux
Qu' j'avais l' délir' des rhums très mince.
Moi j' lui réponds : planch's-tu mon vieux?

Je n' bois jamais d' rhum par principe,
J' bois d' tout sauf ça, mon vieux lapin,
C'est simpl'ment pour casser ma pipe,
   Qu' j' m'empoisonn' chez l' chand d' vin.

C'est y d' ma faut' si dans ma tête
Les pâl's soucis y fourr'nt leur nez,
Suis v'nu z'au monde un grand poète,
Un Hugo, un Alfred d' Musset.
En quatre mots, voici la chose,
Aussi j' fais comm' c' dernier frangin,
J' prends un' vert' pour voir tout en rose,
   J' m'empoisonn' chez l' chand d' vin.

Hier, un copain m'a app'lé lâche,
Parc'que sans répondr' j'avais r'çu,
Un coup d' pied qui... avait fait tache,
Moi, lâche que j'y dis, planch's-tu ?
Oubli's-tu, ma pauvr' vieille cd branche,
Qu' matin et soir, soir et matin,
Tous les jours d' la semaine et l' dimanche,
   J' m'empoisonn' chez l' chand d' vin.

Pour s' suicider, faut du courage,
Une grand' forc' de volonté,
Car la vi' n'est qu'un court passage
Qui conduit à l'éternité.
Malgré ça, eh bien, j' veux rendr' l'âme
Et de moi j' fais mon assassin...
— Ma vi' n'est qu'un lugubre drame :
J' m'empoisonn' chez l' chand d' vin.

Y en a qui m' la baillent belle,
Qui pour s' fair' passer l' goût du pain,
S' pend'nt ou s' font sauter la cervelle
Ou dans la Sein' prolong'nt leur bain.
Pour se tuer, s' fair' une écorchure,
Boire de l'eau — comm' c'est mesquin, —
A petit feu, moi, j' me torture :
    J' m'empoisonn' chez l' chand d' vin.

TRILOGIE TRISTE

LES CIMETIÈRES

en bonne amitié à Stanislas Millet·

ELOIGNÉS des Cités où clament les Vivants,
Encerclés de hauts murs blancs, sont les cimetières,
Où sommeillent les Morts, où gémissent les vents,
Dans les arbres de deuil qui pleurent sur les pierres,

Quand les prés sont baignés de riantes couleurs,
Que vibrent dans les airs des baisers et des rires,
Sur la terre des Morts navrantes sont les fleurs,
La brise a des sanglots de douloureuses lyres.

Lugubres sont les nuits, si tristes sont les jours,
Quand la lune, le soir, livide, passe,... glisse,
Sur des nuages noirs aux grimaçants contours,
Crevés d'immenses trous béants de précipice.

Les rayons, à travers les ifs et les cyprès,
Ont les blanches clartés des ombres légendaires ;
De tombeaux en tombeaux dansent les feux follets,
Au sein des carrefours et sur les ossuaires.

Les branches, au lointain, ont l'aspect de pendus,
Les rayons sont flambants des riches mausolées,
Les linceuls de granit, les croix aux bras tendus,
S'allongent en biais dans les longues allées.

Les Morts

en bonne amitié à Marie Loyer.

Dans les étroits cercueils où sont couchés leurs corps,
Au fond des noirs caveaux ou des fosses publiques,
Ceux qui furent, ceux qui ne seront plus, les Morts,
Gisent — les va-nu-pieds comme les magnifiques.

Oh ! squelettes sans sexe au rictus hébété,
Où sont tous vos lauriers, fastueux capitaines ?
Avares, vos sacs d'or ? femmes, votre fierté,
Les éclairs de vos yeux et le sang de vos veines ?

Gloires, grâces, splendeurs, amours... vécus, perdus !
Tout fini dans un trou boueux de cimetière.
La Vie en tous ces corps ne mettra jamais plus,
Dans les veines, le sang ; dans les yeux, la lumière.

Allez, hochets ; allez, fantoches, vils pantins !
Enorgueillissez-vous, infimes créatures,
Aux vers vous servirez de monstrueux festins,
— Aux vers qui naîtront de vos charnelles ordures ;

Aux vers qui ramperont, le soir, près des tombeaux,
Ou sur le sol fouillé de la fosse commune,
Pourchassés, happés, par les nocturnes oiseaux
Qui s'endorment, repus, quand se cache la lune.

Les Humains

en bonne amitié à Ernest Hamelin.

Très grotesques, très laids, très orgueilleux, très vains,
Sur un astre qui roule en l'Immensité vierge,
Dans la splendeur des cieux, vont des êtres humains,
Pâles hôtes furtifs de la terrestre Auberge.

Un quelconque Hasard les engendre, au loisir
De l'Œuvre Capitale abjecte et grandiose ;
Ils naissent pour souffrir et vivent pour mourir,
Et meurent incertains d'un Monde Apothéose.

Leurs Esprits sont pervers et leurs Instincts cruels ;
Leur Cœur est la Taverne où se logent les Vices ;
L'Orgie a des Palais, le Lingot des Autels,
Et la Vertu se meurt en de navrants Hospices.

Chaque Peuple a son Livre — un livre éblouissant —
Où sont auréolés les Hauts-Faits et les Gloires.
Mais sur tous les feuillets sont des taches de sang,
Et le regard voit rouge au récit des Victoires.

Ils vont, ils vont, ces nains, des révoltes aux yeux ;
A l'abri de leurs lois, ils perpètrent leurs crimes ;
Caïn égorge Abel en blasphémant aux cieux !
— Grotesques cabotins ; sinistres pantomimes.

Sans pâlir devant sa sublime Majesté,
Ces très fous, ces fervents de l'éphémère Joie,
Osent levant le front fixer l'Immensité,
Qui dans les Nuits scintille et dans les Jours flamboie,

Nul céleste Élément et nul Soleil, nul Dieu,
Ne descend les punir en un Jour de colère !
Non, car les Dieux, trop hauts, de leur Firmament bleu,
Ne peuvent voir grouiller ces hideurs sur la Terre.

SONNETS

Go Ahead !

En gardant du Sonnet la mignonne structure,
J'en ai changé le rythme, ainsi que la tournure ;
C'est le sonnet quand même avec une autre allure,
Et d'un Italien j'en ai fait un Gaulois.

Quoi ! parce que depuis longtemps, il est d'usage
D'affubler le sonnet du même vieux corsage,
Sous peine d'attirer sur ma tête l'orage,
Je ne pourrais, morbleu, l'habiller à mon choix ?

S'il en était ainsi, ce serait par trop bête.
Aux cent diables, alors, le métier de poète !
— Allons, Muse, courage ! et Go Ahead ! En avant !

Go Ahead ! Ne tremblons pas et bravons la critique !
Si les coups de sifflets nous brisaient le tympan,
Aux siffleurs, nous ferons tout simplement la nique.

LES DEUX VIEILLES

Sans cheveux et sans dents, noires comme des taupes,
Mâchonnant, ruminant comme des antilopes,
Elles allaient, le dos en deux, les vieilles gaupes,
Dodelinant du col, — elles allaient les sœurs.

Une belle-petite, en tunique de soie,
Du haut de sa calèche où la folle déploie
Un luxe d'acrobate ou de fille de joie,
En les voyant, cria : Fi ! les vieilles horreurs.

Tout doux ! Ne fais donc pas fi des mal attifées !
Lui glapirent les deux épouvantables fées ;
Car nous te connaissons, mon ange de vertu.

Nous logeons chez le Vice où ton âme s'embauche,
Et nous t'avons, un jour, baisée au front, vois-tu :
Car je suis l'Infamie et voici la Débauche.

LE MIROIR

FABLE

Le cerveau clabaudant, la lèvre épaisse, un soir
Qu'alcoolisé j'entrais, l'humeur sombre et morose,
Dans ma chambre, je crus voir dans un vieux miroir,
Remuer, s'agiter une hideuse chose.

Sur le verre collant mon visage blafard,
Je vis avec horreur se réfléchir mon âme,
Dans laquelle grouillaient mes passions. Hagard,
Pâle, je contemplais la vision infâme,

— Miroir, miroir maudit ! criai-je avec terreur,
Quelle chose sans nom et quelle pourriture
Ose représenter ta face de mercure ?

— Dussé-je, me dit-il, encourir ta fureur,
Je ne reflète, hélas ! que ta fidèle image.
Et le miroir parla comme parle le sage.

L'Ivresse et le Sommeil

en bonne amitié au docteur Le Bayon.

L'Ivresse et le Sommeil, ces filles de l'oubli,
Sont les plus grands bienfaits de la machine ronde,
Où, pêle mêle, naît, grouille et meurt tout un monde
Égoïste, idiot, sous un astre pâli.

L'Ivresse et le Sommeil, au cœur morne, affaibli,
Rongé par les douleurs, broyé par la misère,
Permettent d'oublier, ou de voir, sur la terre,
Le mal, bien ; le noir, rose, et l'horrible, joli.

Vivat ! On est heureux lorsque le suc des treilles,
En réchauffant le sang, empourpre les oreilles.
Vivat ! On est heureux surtout lorsque l'on dort.

Le Sommeil a des tons funèbres sur le masque ;
L'Ivresse a des grelots appendus à sa basque :
— L'une, c'est la Folie ; et l'autre, c'est la Mort.

ALPHONSIADE

Un jeune gentleman, à la haute casquette,
Longeait les boulevards, le brûle-gueule au bec,
En faisant résonner la somme rondelette,
Que sa dame de cœur avait gagnée avec

Un ou plusieurs passants, rupins assez bons drilles ;
Lorsqu'au coin d'une rue il se casse le nez
Contre celui du beau petit de Trois Cédilles,
Protégé reconnu de la comtesse A. C...

Le premier gentleman, sans aucune malice,
Bouscula le second. — Que fait donc la police,
De ne pas ramasser ces sales messieurs-là ?

S'écria ce dernier. — Eh ! dites donc, fit l'autre,
Mon pain est boulangé dans le mêm' four que l'vôtre !
Minc', l'Hôtel-Dieu qui s' moqu' d' l'Hôpital... Oh ! là là !

Mon Cœur

D'AUCUNS dans l'âcreté des lubriques délices,
Sous les baisers maudits des filles aux seins nus,
Dans l'alcool qui vous tue encor plus que les vices,
Et vous jette, affolé, sur des sols inconnus,

Ont fait mourir leur cœur. Sous la mamelle gauche,
Ne sentant jamais plus bondir le pauvre, alors
Ils livrent froidement leur âme à la débauche,
Et leur front ne sent plus frissonner le remords.

Ils vont insouciants, sans regrets et sans honte,
Dans des sentiers jonchés de fleurs, dont la senteur
Leur trouble la raison sans les glacer d'horreur.

Las ! dans mon sein meurtri bat ce cœur qui me dompte.
Je n'ai pu le tuer, et bientôt ce sera,
A force de souffrir, lui — lui ! qui me tuera.

La Lune et le Phare

FABLE

La Lune, avec pitié, regardait un vieux Phare
Qui lançait au lointain ses rayons lumineux.
— Sur cette mer, pourquoi, chose informe et bizarre,
Projeter ta lueur ?... Brillé-je pas aux cieux ?

A quoi bon, pauvre fou, tout ce feu qui n'éclaire
Qu'un coin de l'Océan, mon complaisant miroir ;
J'illumine, vois-tu, la moitié de la Terre :
Je ris de ton orgueil, — lui dit la Lune, un soir.

— En ce moment, soudain, un lugubre nuage
Hideusement glissa sur son blafard visage.
Aussitôt il fit noir. Le Phare, alors, lui dit :

— Vois, il ne faut jamais se targuer d'insolence.
Chaque chose, ici-bas, Lune, a son importance.
Et le gran : n a moins souvent que le petit.

Le Crane des Tempêtes

Dans mon crâne fermente un tas de choses bêtes,
Que je mets quelquefois en vers mal cadencés ;
Ce crâne maudit, c'est le Crâne des Tempêtes,
Où, sur de noirs récifs, se brisent mes pensers.

Là, grondent constamment le tonnerre et les ondes,
Et l'on entend hurler sur les rochers déserts
Des monstres, où l'on voit des reptiles immondes
Se traîner pêle-mêle aux lueurs des éclairs.

Rarement le soleil illumine la plaine,
Où végètent des fleurs morbides, sans éclat,
Que des Vieilles, la nuit, cueillent pour leur Sabbat.

Lorsque le Désespoir cyniquement déchaîne
La tempête dans mon crâne aux recoins obscurs,
Que ne puis-je briser ce crâne sur les murs !

OH ! QU'ILS CRAIGNENT

MA Muse est un condor aux larges envergures,
Ressemblant, dans les airs inconnus des froidures,
Aux voiles d'un navire aux coquettes allures,
Louvoyant sur un lac aux flots de pourpre et d'or.

Son vol hardi surprend le Zoïle revêche,
Qui, saisissant son arc d'une main maigre et rèche,
Dans sa folle fureur veut lancer une flèche
A l'oiseau qui, là-haut, au ciel prend son essor.

Si les haineux voulaient par des cris, des huées,
L'effrayer, désireux de le voir des nuées,
Tomber, pour qu'en sa chute, il se brisât le corps,

Oh ! qu'ils craignent plutôt que, les yeux pleins d'audace,
Il ne se dresse un jour devant eux, — et qu'alors,
      Son bec ne leur crève la face.

LE CLOWN

Il court, il saute, il vole en lançant des lazzi.
Le public s'ébaudit en voyant ses grimaces.
Il est si drôle avec son gros nez cramoisi,
Et sa face de clown aux cassements cocasses.

Son costume excentrique, aux criardes couleurs,
Est constellé partout d'étoiles et de lunes.
Avec du gros carmin, il a tracé des fleurs
Sur la peau de sa face aux deux lèvres communes.

Mais son rire a des tons où percent les douleurs.
Sur son visage peint, parfois, coulent des pleurs.
— Au cimetière, il a, tantôt, conduit sa Jane.

Mais ses yeux sont mouillés ; pour le saut du tremplin
Il voit mal la distance, et le pauvre « cousin »
Sur un poteau de fer va se briser le crâne.

QUI DONC ME GUÉRIRA

DE farouches pensers entament une gigue
Infernale devant mon œil hagard et clair :
Un mal maudit, étrange, inconnu, me fatigue
Et me ronge le cœur comme un affreux cancer.

Tantôt, sans nul motif, tel un clown en délire,
Je me tiens les côtés dans un rire pouffant ;
Soudain, obéissant à ne sais quel empire,
Je me mets à pleurer comme un petit enfant.

Je suis jeune et déjà ma tête est demi-blanche ;
Je ne crois plus en rien, je ne crois plus en moi,
Et je vais enviant le chrétien plein de foi.

— Sur mon front en sueur le désespoir se penche.
De ce mal sous lequel mon cœur brisé se tord,
Qui donc me guérira ? — La Folie ou la Mort !

A Mme G.

Si vous aimez la mer, certe, aussi moi, je l'aime.
— Je l'aime dans son calme et dans ses fureurs même.
— De notre vie à tous, n'est-elle pas l'emblème ?
— Regardez bien la mer ; sondez bien votre cœur.

Lorsque par un beau ciel, sans le moindre nuage,
Ses flots en frémissant dentellent le rivage,
De notre âme toujours c'est la fidèle image :
— Lorsque notre âme est pure et n'a point de rancœur.

Mais lorsque l'Océan, hurlant d'horribles gammes,
Brise sur les rochers ses monstrueuses lames,
Ce sont nos passions, nos vices, nos remords,

Qui se tordent, affreux, dans une rage immonde.
— Sans vie, un jour, qui sait ? trouvera-t-on mon corps,
Après un ouragan, sur les récifs du monde.

Le Cancrelat

(LA BLATTE)

Un soir, je rêvassais à des sonnets futurs,
Assis devant mon feu qui pétillait dans l'âtre,
Lorsque je vis soudain s'esquisser sur les murs
Une chose sans nom à la forme noirâtre.

Horreur ! horreur ! c'était un cancrelat géant.
Il marchait en traînant ses monstrueuses pattes.
De quel recoin sortait cet hôte du néant,
Dont les yeux noirs avaient des teintes écarlates ?

Je sentais, malgré moi, mes cheveux se dresser
Sur ma tête, et mon sang brusquement se glacer.
Alors, alors, saisi d'une terreur réelle,

Je m'écriai : — Qui donc es-tu, toi qui te meus
Hideusement, sans bruit, en roulant tes gros yeux ?
— Je suis le cancrelat qui ronge ta cervelle !

?

en bonne amitié au docteur Henri G...

La fille du trottoir aux passants qui se loue,
A la passe, à la nuit, pour quelques sous, du pain,
Par tous est appelée une immense gadoue ;
La fille des flambants une abjecte catin.

La fille des boudoirs au bois qui fait la roue,
Dont parlent les journaux du soir et du matin,
Une belle petite, un ange dont s'engoue
Un imbécile amant, dont se gausse un larbin :

L'élégante mondaine enfiévrée et blasée,
Esclave de Priape et bientôt de Lesbos,
Est une sensitive ou blanche névrosée.

Les noms sont bien choisis, dirait un bon Pangloss ;
Chair de gueuses ne vaut chair d'opulentes folles.
— Qu'en disent les docteurs qui traitent... ?

FROMAGE DE ROQUEFORT

Un fromage de Roquefort
Montrait sur une table d'hôte
Son front d'un moisi vert-de-mort.
— Garçon, dit un voisin, qu'on ôte

Vite ce fromage puant,
Dont la pâte molle se mouille
De pleurs, où dans le flanc suant
Tout un bataillon de vers grouille.

— Pardon, fis-je d'un ton discret,
Je vais en prendre un tantinet.
— Des asticots ! nom d'une bombe !

Il faut du cœur pour les manger.
— Bast ! comment font pour nous ronger,
Ceux qui nous lèchent dans la tombe.

QU'ON M'APPORTE DU BOIS

IAMBE

L'IMPITOYABLE Ennui me fait sans cesse au cœur
    De mortelles entailles.
Quand je gémis, j'entends son gros rire moqueur
    Sortir de ses entrailles.
J'ai le spleen ! J'ai le spleen ! il hante mon cerveau
    Et m'échauffe la bile.
Hélas ! je ne pourrais qu'au fond d'un froid caveau
    Trouver un sûr asile
Contre l'ennui cruel qui me fait dans une heure
    Rire et pleurer cent fois !
— Si je savais cela, je dirais : Plus de leurre !
    Qu'on m'apporte du bois
Pour faire mon cercueil ! et que la Mort arrive
    Me prendre dans mon lit,
Et me jette demain sur la riante rive
    Où sommeille l'Oubli.

A SARAH BERNHARDT

Oh ! quel Génie en vous habite donc, Madame ?
Et vers vous quel aimant attire tous les cœurs ?
D'un souffle si puissant quel Dieu dota votre âme,
Et mit dans vos beaux yeux les éclairs des vainqueurs ?

Je l'ignore. Je sais lorsque votre œil s'enflamme,
Quand votre voix s'élève oubliant nos douleurs,
Que nous restons pendus à vos lèvres de femme,
Étouffant nos sanglots et refoulant nos pleurs.

Ah ! lorsque dans la salle, une foule idolâtre,
De ses bravos fiévreux ébranle le théâtre,
Laissez battre et bondir votre sein de fierté.

— Ovations ! rappels ! élans ! fleurs !... Que de reines
Donneraient leurs bijoux, leur nom, leur royauté,
Pour votre grand génie et le sang de vos veines.

A Adelina Patti

Petit enfant, un soir à l'heure où l'on repose,
J'étais resté caché dans un sentier ombreux,
Pour écouter les chants divins d'un virtuose,
D'un rossignol jetant ses trilles vers les cieux.

Pâle comme une fille atteinte de névrose,
J'écoutais le chanteur des larmes dans les yeux,
Croyant entendre un ange, un blond séraphin rose,
Faisant vibrer les airs de sons harmonieux.

— Quand je vous entendis, la douce souvenance,
Madame, de ce soir, de cette nuit d'enfance,
M'est apparue : — alors, laissant prendre leur vol

A tous mes souvenirs — j'eus la pensée étrange
Que c'était — ce soir là — vous, le séraphin, l'ange,
L'âme du rossignol.

RÊVES DE MÈRE

en bonne amitié à Léon Brunschvicg

Auprès de ce berceau, dans lequel son enfant
Sommeille doucement les lèvres demi-closes,
Une humble femme à l'air heureux et triomphant
Laisse ses doux pensers tisser des rêves roses.

Les yeux noyés, perdus dans ses chimères d'or,
Elle laisse bâtir, en sa molle délice,
Ces beaux châteaux d'Espagne, et prendre leur essor
A ces oiseaux charmants qu'enfante le caprice ;

Et dans leur vol hardi, dans leur vol de condor,
Ils montent dans le ciel, toujours, toujours, encor !
— Dans ce beau ciel d'azur où se perd la pauvrette.

Et fière d'être mère, heureuse de son sort,
Elle mange des yeux ce chérubin qui dort.
— Femme, maudis les cieux, s'ils l'ont créé poète !

LES ÉTAPES

en bonne amitié à Anatole Le Braz

GERME,

Il subissait le chef-d'œuvre de la Formation dans l'admirable Creuset de l'Humaine Existence.

Inconsciemment Il était. Son Ame, seule, jouissait en de paradisiaques Infinis où neigeaient des Ames.

Un jour, s'ouvrirent ses yeux, sourit sa bouche, vit son regard : une imposante Apparition est devant lui, silencieuse, en une attitude de Sphinx, sur le seuil du Temple de la Destinée.

Curieux et ravi, il la contemple, les bras tendus. — Qui donc es-tu ? demande-t-il d'une parole douce comme un baiser.

La VIE, répond d'une voix grave et solennelle l'imposante Apparition.

Alors, dans l'appel de son geste, le Germe, l'Enfant, s'écria :

La VIE ! oh ! merci.

Le Germe, l'Enfant — poupée de chair et de sang —
grandit, ravissement et orgueil de Ceux qui l'ont
créé et qui mangent de baisers cette inestimable
chose qui leur sourit, des rayons de joie aux yeux.

Et le voici bientôt — le Temps plus que les Morts
va vite — au sortir de la Table Chrétienne. Son
cœur palpite, son regard se lève. Soudain devant ses
yeux émerveillés se dégage d'un nuage un Ange
éblouissant — un lys à la main.

Au sourire de cette chaste figure répondent ses
lèvres, ses yeux, son cœur.

La Foi électrise son être.

... Oh ! qui donc es-tu, céleste Apparition ?
demande-t-il d'une voix émue.

L'INNOCENCE, répond l'Ange éblouissant.

Alors, le front blanc de virginales pâleurs, les cils
diamantés de larmes, il balbutia :

O Liliale Vision, je te salue et te bénis.

Le Germe, l'Enfant est devenu l'Ephèbe ; l'Adolescent en son Printemps.

Sublime de jeunesse, insouciant de l'Avenir, des
gaietés dans les yeux, des chansons aux lèvres, des
effluves au cœur, il va — loin des Cités noires de la
Réalité — dans les Idéales Campagnes ensoleillées
où sur l'émeraude des prés les blanches pâquerettes
mettent comme des flocons de neige ; les boutons
d'or, des topazes, les coquelicots, des taches de sang.

Des jeunes filles rayonnantes et superbes, le regard
caressant, la joue empourprée, la bouche épanouie,

drapées de la chlamyde aux nuances printannières, courent dans les herbes emperlées après le papillon aux ailes lumineuses — palettes qu'un divin Peintre aurait diaprées de gemmes étincelantes. L'air chante de leurs chansons ; rit de leurs rires ; et dans les allées aux buissons fleuris, on entend des musiques de baisers. Et ses yeux les contemplent avec des ravissements et son cœur palpite et sa pensée s'envole en des Régions, soudainement entrevues.

Elles l'invitent du regard et du geste à les suivre dans ces allées ombreuses, de paroles toutes susurrantes et de mystères toutes pleines. A sa timidité, elles sourient, et dans une pose enamourée vers lui en de languissantes caresses, elles ouvrent leurs bras prêts à l'éteindre sur leurs seins gonflés — fleurs de neige boutonnées de rose — que le désir fait onduler sous la soie aux moires d'arc-en-ciel qu'argentent des clairs de lune, que dorent des splendeurs de soleil.

Les yeux enivrés, les lèvres brûlantes, il s'avance vers le groupe radieux, lorsqu'entre elles et lui surgit un éphèbe — un Prince des Légendes — beau comme le jour.

Pâle et halctant, à cette vue, il s'arrête extasié, tel un prophète, devant une apparition du Ciel.

Oh ! qui donc es-tu, toi, si jeune et si beau, toi, devant qui ces essaims de jeunes filles — si tôt accourues — sèment des fleurs, en chantant des hymnes si tendres et si douces à mon cœur ?

L'Éphèbe beau comme le jour répond d'une voix harmonieuse :

Frère, je suis l'AMOUR.

Alors, un genou en terre, transfiguré, il s'écria :
Frère, rayonnant de Jeunesse et de Grâce, je suis
désormais ton page et pour chanter tes louanges,
jeunes filles, voici mon corps ; Amour, voici mon
cœur.

Le Germe, l'Enfant, l'Ephèbe, l'Adolescent en son
Printemps, est devenu l'Homme en son Été.

Sa taille est droite, son œil brillant, une barbe
épaisse orne sa figure bronzée.

Dans les riantes campagnes de l'Illusion il connut
l'Amour facile et frivole et ses yeux éblouis par
l'Astre de la Jeunesse avaient vu le Noir, Rose et
l'Horrible, Joli.

Plus tard, un amour pur et saint mit un rayon de
lumière sur ses jours déjà moins ensoleillés.

Plus il marche dans la vie, plus son cœur va perdant
ses enthousiasmes et ses illusions et plus ses yeux
s'ouvrent à la décevante Réalité.

Il connut les chagrins, les peines, les douleurs, les
hypocrisies, les haines et toutes les infamies humaines.

Plus il va dans la Vie, plus ses cheveux s'argentent,
son front se sillonne de rides, sa pensée s'assombrit,
son pas s'est fait lourd.

Pour gagner la manne à celle qui aime son âme et
à ceux qui sont nés de son sang, aux pénibles travaux du corps ou de la pensée, il use son existence.
Pour vivre et faire vivre les siens, il se tue chaque
jour.

Un soir, brisé, il entrait, le cœur triste... et il songeait... Noir se montrait l'Avenir... Dépoitraillée, une Inconnue, l'œil creux, la figure hâve, les seins flétris, le regard inquiet, se mit à marcher silencieusement à ses côtés.

Sans arrêter sa marche, après l'avoir regardée pendant quelques instants, il lui dit :

Femme, qui donc es-tu ?

Elle lui répond d'une voix sourde et brisée :

LA LUTTE POUR LA VIE.

Alors, et sans arrêter sa marche, il répliqua simplement : Ah !... puis il ajouta : Ne me terrasse pas encore.

Le Germe, l'Enfant, l'Ephèbe, l'Adolescent en son Printemps, l'Homme en son Eté est l'Homme en son Hiver.

Ses cheveux sont blancs, sa bouche édentée, ses yeux moins vifs, son pas est lourd.

Au Printemps de la Vie, il a tendu sa lèvre vers toutes les lèvres ; livré son cœur à tous les cœurs ; à profusion répandu le meilleur de son sang, jeté sa Jeunesse à toutes les folies et dans son inexpérience des choses et des hommes, il a travaillé de son corps et de sa pensée, trompé par les uns, exploité par les autres.

Et lorsqu'un matin, il se réveilla, vieilli, usé par l'inconscient gaspillage de sa première saison et par les travaux, il regarda derrière lui avec épouvante.

En vain au commencement de son automne, lorsque

l'expérience avait endurci son cœur, mûri sa pensée, en vain avait-il voulu reconquérir ce qu'il avait perdu, à force d'énergie et de volonté, le Temps l'avait entraîné dans l'Abîme, ainsi qu'un torrent, un fétu, lui et ses beaux rêves, vécus, sombrés. Alors, sur les Jours magnifiques de son Printemps, les Après-Midi ensoleillés de son Été, les beaux soirs de son Automne, il pleura.

Et pendant qu'il pleure, la tête entre ses mains mouillées de larmes, un étranger sinistre s'asseoit en face de lui, l'œil sombre et sévère.

Lorsque relevant la tête, il aperçoit le farouche visiteur, son regard se terrifie, sa face s'épouvante..

Qui donc es-tu, toi, lugubre Apparition? demande-t-il, des étranglements à la gorge.

D'une voix creuse et sourde, l'étranger sinistre répond :

Le Remords.

Alors, accablé, il s'écria : c'est juste, puis il soupira : oh! ne pouvoir se purifier par une autre existence!... Ah! maudite la vie.

...Et pendant qu'il pleure, la tête entre ses mains mouillées de larmes, des légions d'êtres aux vaporeuses formes dans un horizon infini l'encerclent magiquement et silencieusement.

Lorsque relevant la tête, il aperçoit cette nuée de fantômes dont les yeux fixes s'attachent douloureusement sur lui, son regard s'angoisse : Qui donc êtes-vous, ô incomptables légions? demande-t-il, des étranglements dans la gorge.

Les bouches dans les masques momifiés et blêmes de tous ces êtres aux vaporeuses formes s'ouvrent dans un même contour, prononcent d'une unique voix tremblante et désolée comme, au lendemain d'une tempête, le bruit des flots déferlant sur la grève avec des râles d'agonisants :

Nous sommes tes *Fautes*, et voici, pâle et désolé, le REPENTIR.

Alors, accablé, il s'écria : c'est juste !... puis il soupira avec des sanglots dans la gorge : oh ! ne pouvoir recommencer une autre existence.

Le Germe, l'Enfant, l'Ephèbe, l'Adolescent en son Printemps, l'Homme en son Eté, l'Homme en son Automne est le Vieillard en son Hiver.

Il est là,

affaissé, croulé, le masque décrépit, l'œil vague comme perdu en des visions lointaines. Il est là, risée des mauvais, orgueil des meilleurs, et souvent, chose pénible à voir.

Un Jour, on le couche, ainsi qu'un jeune enfant, et des semaines, des mois, il reste muet avec des tristesses mystérieuses sur la face.

Une nuit au chevet de son lit, se campe un spectre épouvantable et enlinceulé mais que distinguent mal ses pauvres yeux.

Et comme le spectre — lugubrement — se tient immobile et silencieux, il lui dit :

Qui donc es-tu, toi, dont la présence fait râler mon souffle ?

Dans l'écartement de ses bras décharnés, ouvrant son suaire, le spectre répond d'une voix sépulcrale :
LA MORT.
Alors, lui :
La Mort, oh ! merci.

CHANSONS DE « LA PLUME »

LE MATELOT EN BORDÉE

RONDE

AIR : *Qu'est c' qui passe ici si tard,*
Compagnon de la marjolaine.

à l'Association générale des Etudiants de Paris.

LA DARONNE

Qu'est c' qui tape ici si tard,
Compagnon de la Pretentaine,
A la port' de mon bocard,
Gai, gai, avec ses pieds ?

LE MATELOT

Un matelot en bordée,
La Daronne à grosse bedaine.
Un matelot en bordée,
Gai, gai, d'ssur le pavé.

LA DARONNE

¡Que demand' ce matelot,
Compagnon de la Pretentaine,
Que demand' ce matelot,
Gai, gai, d'ssur le pavé ?

LE MATELOT

Une fille à embrasser,
La Daronne à grosse bedaine,
Une fille à embrasser,
Gai, gai, d'ssur l'oreiller.

LA DARONNE

Y a pas d' fille à embrasser,
Compagnon de la Pretentaine,
Y a pas d' fille à embrasser,
Gai, gai, d'ssur l'oreiller.

LE MATELOT

On m'a dit qu' vous en aviez,
La Daronne à grosse bedaine,
On m'a dit qu' vous en aviez,
Gai, gai, au cabaret.

LA DARONNE

Ceux qui l'ont dit se sont trompés,
Compagnon de la Pretentaine.
Ceux qui l'ont dit se sont trompés,
Gai, gai, au cabaret.

LE MATELOT

Ouvr' ton bocard sur le champ,
La Daronne à grosse bedaine,
Ou j'y fouts le feu dedans,
Gai, gai, v'là mon briquet.

LA DARONNE

Qu'est-c' que vous lui donnerez,
Compagnon de la Pretentaine,
Qu'est-c' que vous lui donnerez,
Gai, gai, pour ses bontés ?

LE MATELOT

Cent sous largement comptés,
La Daronne à grosse bedaine,
Un bout d' chiqu' par d'ssus l' marché,
Gai, gai, pour le chiquer.

LA DARONNE

En ce cas là choisissez,
Compagnon de la Pretentaine,
En v'là six de réservées,
Gai, gai, pour l'oreiller.

LE MATELOT

Pour n' pas être embarrassé,
La Daronne à grosse bedaine,
J' les prends toutes pour causer,
Gai, gai, dans ma nuitée.

ENVOI

Écoutez, coutez, coutez,
Comm' c'est bête, la vie humaine !
Voici la moralité,
    Gai, gai, de ces couplets.

Quand se fait sentir la faim,
Comm' c'est bête, la vie humaine !
On s'en va ach'ter du pain,
    Gai, gai, chez l'boulanger.

Quand la soif est dans l'gosier,
Comm' c'est bête, la vie humaine !
On s'en va boire un gob'let,
    Gai, gai, chez le troquet.

Quand l'amour nous dit d'aimer,
Comm' c'est bête, la vie humaine !
Là ousqu'on vend des baisers,
    Gai, gai, faut y aller.

Car le monde est ainsi fait,
Comm' c'est bête, la vie humaine !
Et pas moyen de l'changer,
    Gai, gai, — moi, pas fâché. —

CHANSON DES QUATRE DÉFUNTÉS

à l'Association des Étudiants de Nantes

Quatr' de_fun _ tés qui s'em _ bê _
_taient dans le mon _ de qu'ils fré _ quen_
_taient, se dir'nt en s'ca _ ressant la
tê _ te, nous sont pas mal bien que sque_
_ let_tes, chez les vi_vants, Partons gaiment.

Quatr' défuntés qui s'embêtaient
Dans le monde qu'ils fréquentaient,
Se dir'nt en s' caressant la tête :
« Nous sont pas mal bien que squelettes,
      Chez les vivants
      Partons ga'ment. »

Y avait pas que quatre messieurs,
Y avait deux dames z'avec euss ;
Car dessous, comm' dessur la terre,
Il faut que le sexque diffère,
Pour rire un brin,
Ça c'est certain.

Les messieurs, gentlemen selects,
Avaient un gros cigare au bec,
Et les dames z' un' cigarette,
Entre les os d' leur margoulette,
Quand pour Paris,
Les v'là partis.

Comme ils flottaient gaîment dans l'air,
En voyant passer un ch'min d' fer,
Ils s'offrirent un' premièr' classe,
Ils arrivèr'nt à Montparnasse,
Tout ahuris,
Sur les menuits.

Un cocher roublard sur le champ
Les prit à l'heure, et se souv'nant
Qu'il avait un' lanterne rouge,
Il les emm'na au Moulin-Rouge.
Les défuntés
Fur'nt épatés.

Ils fur'nt reçus en arrivant
Par le refrain de chez Bruant ;
Plusieurs messieurs et joli's filles
Leur fir'nt danser plusieurs quadrilles,
De face et d' dos :
Quels effets d'os !

C'est à qui leur paya des bocks,
Des bols de vin chaud et des grogs.
Ils regardaient dans leurs culbutes,
Quand les danseus's jouaient des flûtes,
        Les entrechats
        De ces p'tits rats.

Après l' bal, ils allèr'nt souper,
En cabinet particulier,
Ils y firent de telles fêtes,
Qu'ils cassèrent tout's les assiettes,
        Et le bidet
        Du cabinet.

Mais comme ils n'avaient pas le sou,
On les fourra tous quatr' z'au clou,
Ils chahutèr'nt en tel bastringue,
Qu'il fallut l'aid' d'un gros mam'zingue,
        Pour les fic'ler
        D' la tête au pied.

On leur serra si fort les os,
Qu'on les mit en plus d' mill' morceaux.
Ainsi paqu'tés pour s'en défaire,
Ils fur'nt vendus par l' commissaire,
        Trois francs cinq sous,
        Ficelle et tout.

On en fit des jeux d' dominos,
Des j'tons, des boules de loto,
Et des carabins en goguette,
Un beau soir se payèr'nt leur tête,
        Pour fair' crever
        D' peur leur pip'let.

Pour les défuntés quell' leçon,
Mais à chacun sa position,
Dans son milieu on doit se plaire,
Il faut rester dedans sa sphère,
Quand on en sort,
On a grand tort.

VIEUX MESSIEURS

*A l'Association genèrale des
Etudiants de Paris.*

Quand ils ne peuv'nt plus s'mettr' a ta-ble Les vieux Messieurs comme le dia-ble s'font er-mit's mal-gré eux Quand leurs têt's' branl'nt sur leurs é-pau-les et qu'ils sont gelés aux deux pô-les Les vieux mes-sieurs de-vienn'nt ver-tu-eux

Quand ils ne peuv'nt plus s' mettre à table,
Les vieux messieurs, comme le diable,
S' font ermit's malgré eux.

Quand leur têt' branl' sur leurs épaules
Et qu'ils sont gelés aux deux pôles,
    Les vieux messieurs
    Deviennent vertueux.

Oubliant leur jeunesse chaude,
En compagni' de gent' ribaude,
    Au cœur très généreux,
Quand ils voient des coupl's pleins de sève,
Rire et batifoler sans trève,
    Les vieux messieurs
    Ont des regards haineux.

Quand ils voient sur de grand's affiches,
De joli's femm's aux corsag's riches,
    Aux sourir's lumineux,
Œuvres charmant's de vrais artistes,
Aussitôt maussadement tristes,
    Les vieux messieurs
    Vite baissent les yeux.

Mais l' soir en des maisons connues,
Ils s'en vont voir des ingénues
    En leurs ébats joyeux.
Dans un' chambre noire et secrète,
Pour mieux jouir de la petit' fête,
    Les vieux messieurs
    Écarquillent les yeux.

Et l' lend'main, rieuse et légère,
Quand ils verront une ouvrière
    Se retrousser un peu,

Ils cri'ront d'une voix lamentable :
« C'est une honte abominable. »
    Les vieux messieurs
    En seront furieux.

Ils s' proclam'nt avec éloquence,
Les doux protecteurs de l'enfance.
    Oh ! les braves messieurs !
Aussi des vieill's dam's roufflaquettes
Amènent de jeunes fillettes
    Aux vieux messieurs,
    . Louffoques et gâteux.

Les vieux messieurs pour être honnêtes
Doiv'nt avoir beaucoup de galette, .
    Car s'ils étaient des gueux,
Ils cess'raient d'êtr' des hommes modèles :
— L'on enverrait à la Nouvelle,
    Les vieux messieurs
    ... Graves et vertueux.

LES BECS DE GAZ

en bonne amitié, à Louis Nogent

Les becs de
gaz dans la journée —
Ont des fi-
gur's de Ma_cha_bées —
Que la Sei-
_ne cou_leur de thé —
Au rait la-
_vés
Ils ont des

LES Becs de Gaz dans la journée
Ont des figur's de machabées
Que la Seine couleur de thé
Aurait lavés.

Ils ont des airs navrés et bêtes
Avecque leurs énormes têtes
Juchés tout en haut d'un bâton
⸱ Sans ripaton.

Ce qui leur donne un air si gauche
C'est que ni à droit', ni à gauche,
Ils n'ont des bras comme un moulin,
⠀⠀⠀Ils n'ont point d' main.

⸱ Quand il lansquin', ça les ennuie,
Comme ils n'ont pas de parapluie,
Ça les trouble de sentir l'eau
⠀⠀⠀Sur leur carreau.

Ah ! mais lorsque le soir arrive
Et sur l'une et sur l'autre rive,
Il faut les voir, droits sur leur pieu,
⠀⠀⠀La gueule en feu.

Tout's les cocottes de la terre
Les aiment bien, parce qu'ils... éclairent ;
Quand l' grinch' voit un bec allumé
⠀⠀⠀Il l'a dans le nez.

Tous les soirs, comme un' petit' folle,
⸱Chaqu' bec dans son tuyau rigole
De ce qu'il voit autour de lui,
⠀⠀⠀Surtout la Nuit.

Ça l'amuse le persillage
Des d'moiselles qui n' sont plus sages,
A deux pas des messieurs leurs dos
    Et des sergots.

Et ça l'amuse de voir comme
Facilement s'allume un homme,
Ça l'émoustille et pour voir mieux
    Il clign' des yeux.

Les becs-de-gaz ont du génie,
... Ça t'épate, est-c' pas Ugénie ? —
Car ainsi qu' les poèt's ils ont
    Lumière au front.

LES CHEMINS DE FER

A ma « p'tit' sœur ».

A - vec un gron-de-ment de mer Comm' un' flè - che pass' le ch'min d'fer Tout em - pa - na - ché de va - peur. Comme il fil' Comme il fil' ma p'tit' sœur

Avec un grondement de mer,
Comm' un' flèch' passe le ch'min d' fer
Tout empanaché de vapeur.
... Comme il fil', (*bis*) ma p'tit' sœur !

Jadis, on disait que l' ch'min de fer
Etait une invention d' l'enfer...
C'était une très grave erreur...
... U'n' pur' blagu', (*bis*) ma p'tit' sœur !

C'est une utile invention,
Les députés gratis y vont,
De même que les sénateurs,
... Mais pas nous, (*bis*) ma p'tit' sœur !

En premièr' class' quand y a pas
Les gens qui vont à l'œil, y a
Jamais personne à l'intérieur.
... Pas un chat, (*bis*) ma p'tit' sœur.

En s'conde on est moins bien, c'est vrai,
Ça se comprend puisque l'on pai'...
Et quand on pai' plus de faveur,
... N'est-ce pas, (*bis*) ma p'tit' sœur ?

En troisièm' classe on est fort mal,
Mais je trouv' des plus anormal
Les vaines plaint's des voyageurs
... D' troisièm' class', (*bis*) ma p'tit' sœur.

Mignonne, aux compagni's, c' sont eux
Qui font gagner d' l'argent, les gueux.
Et ils se plaignent, ah ! malheur !
... Dròl's de gens, (*bis*) ma p'tit' sœur !

Les petits employés y sont
Traités comme nègres marrons
Par tous messieurs les inspecteurs,
... Et les gross's légumes, (*bis*) ma p'tit' sœur.

Les ch'mins d' fer ont l' public dans l' nez,
Quand ils peuvent le fair' danser,
Ah ! ce qu'ils le font de bon cœur,
... Faut voir ça, (*bis*) ma p'tit' sœur.

S'il n'y a plus d' dérail'ments,
C'est qu' faut payer les accidents,
Sans ça, ce s'rait un vrai bonheur.
... C' qu'on saut'rait, (*bis*) ma p'tit' sœur !

Quand passera un chemin d' fer,
Toute heureuse d'être en plein air,
Mignonn', pri' pour les voyageurs,
... Pri' bien fort, (*bis*) ma p'tit' sœur.

TATA LA GOSSE

Ta - ta la goss' n'a pas treize
ans, Comme ell' n'a pas tou-tes ses
dents, Mal-gré ses jamb's comm' des é-
-chas - ses, Elle est très con - nu' des haut's
clas - ses, Car c'est un mo - dèl' de ver-
- tu De vrai ver - tu, bien enten - du!

Tata la goss' n'a pas treize ans,
Comme ell' n'a pas toutes ses dents,
Malgré ses jamb's comm' des échasses,
Elle est très connu' des haut's classes,
Car c'est un modèl' de vertu,
De vrai' vertu, bien entendu.

Elle est d' la Butte et de parents
Qu'ont z'évu des malheurs dans l' temps ;
Sa maman qu'est à la Nouvelle
Ne lui donn' jamais d' ses nouvelles,
Et son papa il a éter-
Nué dans l' panier à Deibler.

Tata la gosse remplaça
Et sa maman et son papa,
Près de deux p'tit's sœurs très girondes,
L'une très brun', l'autre très blonde ;
Mais malgré leur jeune âge, il faut
Qu'elles l'aid'nt à fair' bouillir le pot.

Aussi chez ell's, l'argent n' manqu' pas,
Ni pour la lich', ni le tabac.
Dans leur ru' qu'est à la Villette,
Comme on sait qu'ell's ont d' la galette,
Ell's ont les considérations
De toute la population.

Les parents, gens toujours envieux,
Voudraient des mom's comm' ça chez euss.
Pour exempl', les mèr's de famille
Les montrent à leurs petit's filles,
Qui donn'nt leur braise à de jeun's mecs,
Qui font des noc's de chien avec.

La bonn' conduite, dieu merci,
Est toujours r'compensée, aussi,
Sans nul souci de l'existence,
Ell's coul'nt leurs jours dans l'opulence,
Avec des bonn's, quand il le faut,
Qui vienn't vider leur pot à l'eau.

De son œuvre la p'tit' Tata,
Est orgueilleus', moi, j' comprends ça.
Car ell' a r'tiré d' la misère,
Ses deux petit's sœurs par sa mère,
Aussi dans le quartier, compt'-t-on,
Qu'ell' recevra un prix Montyon.

REFAIT

en bonne amitié à Abdallah Charle*

Un vieux mon _ sieur qu'é_tait pas beau Mais qu'a_vait en _ cor le cœur chaud Mar_chait des _ sous son pa _ ra_ pluie car des cieux il tombait d'la pluie.

Un vieux monsieur qu'était pas beau,
Mais qu'avait encor le cœur chaud,
Marchait dessous son parapluie,
Car des cieux y tombait d' la pluie.

Chemin faisant il rencontra
Un' petit' demoisell' qui a-
Vait des bandeaux noirs à la vierge,
Plaqués sur sa peau couleur cierge.

8

Il l'accosta avec des yeux
De vieux barbillon amoureux,
Et l'espéranc' sur la figure,
Il lui proposa un' voiture.

Comme y faisait si mauvais temps,
Elle acc'pta sans compliment,
Il voulut un' fois dans l'Urbaine,
Lui mettre sa main dans la sienne.

La plui' tombait, je n' vous dis qu' ça !
L' sapin roulait cahin, caha,
Et fringallait, profond mystère,
D'une façon... xtraordinaire.

Ru' Simon l' Franc, ell' descendit
Après son départ, il bondit,
Car sur sa bedaine ventrue
Sa chaîn' d'or était disparue.

Il tempêta, jura, sacra,
Et de tous les noms l'appela,
Et s' promit, pleurant sa galette,
Une autre fois d'être moins bête.

La moral' de ce p'tit morceau
Est la mêm' que cell' du Corbeau :
C'est toujours trop tard que l'on jure,
D' n'être plus roulé, — même en voiture.

QUATRE ROMANCES

FERME TES YEUX

BERCEUSE

A Toi.

Andantino

Le jour a fui Ron _ de et pou_

_drée, — La lu _ ne glis_se dans les cieux

Voi _ ci la nuit — Fer _ me

tes yeux, Mon — a _ do _ rée —

Mon a _ do _ ré _ _ e —

LE jour a fui. Ronde et poudrée,
La lune glisse dans les cieux.
Voici la nuit. Ferme tes yeux,
Mon adorée.

Mon adorée, aux lèvres roses,
Que le sommeil pour toi si pur
Sur ton rêve, nimbé d'azur,
    Sème des roses.

Tes grands yeux noirs frangés d'ébène,
Jettent des feux diamantins.
Ferme tes yeux, vivants écrins,
    Ma pâle reine.

Ferme tes yeux, car les étoiles
N'oseraient surgir autrement.
Vois, la nuit tombe au firmament
    Drapant ses toiles.

Ton sein de lys pointé de rose
Se soulève sous le satin ;
Que sur ta lèvre au frais carmin
    Mon nom se pose.

Que ton haleine parfumée
Me grise comme les senteurs
D'encens sacrés : rêves menteurs,
    Chère fumée.

Et que sur toi l'ange qui veille,
Douce mignonne, nuit et jour,
Susurre des chansons d'amour
    A ton oreille.

Le jour a fui. Ronde et poudrée,
La lune glisse dans les cieux.
Voici la nuit. Ferme les yeux,
    Mon adorée.

A votre Bouche aux Lèvres si roses

Mignonne, — ô ma douce mignonne —
Dans votre très pâle personne,
Ce que j'aime le mieux, le mieux,
Point n'est la flamme de vos yeux ;
C'est votre bouche aux lèvres roses ;
Paradis de si douces choses,
Cette bouche aux lèvres si roses.

Votre bouche est Temple du Rire,
Vos dents un chapelet de cire,
Et le Phare qu'est votre œil bleu,
S'embrase quand ma lèvre en feu
Se penche sur vos lèvres roses ;
Paradis de si douces choses,
Cette bouche aux lèvres si roses.

Votre Regard, — lueurs d'Etoile, —
De béates amours se voile ;
Quand mon cœur à vos yeux sourit,
Apothéosement s'éjouit
Votre bouche aux lèvres si roses ;
Paradis de si douces choses,
Cette bouche aux lèvres si roses.

Bouche de femme est une lyre,
Qui sous le doux baiser délire,
Et la fièvre de mon baiser
D'extase fait psalmodier,
Votre bouche aux lèvres si roses ;
Paradis de si douces choses,
Cette bouche aux lèvres si roses.

Au fond de votre cœur pénètre
Mon âme, mon esprit, mon être.
Et d'enivrements éperdus,
Je pleure — ô que ces pleurs soient bus
Par votre bouche aux lèvres roses.
Paradis de si douces choses,
Cette bouche aux lèvres si roses.

Sèche tes Pleurs

O Petite amie, toi qui fus vendue, et que j'ai connue si douce et si désespérée et que j'ai retrouvée toujours si douce mais si fatalement résignée, Souviens-toi de l'heure qui me fit composer cette romance.

Si rieuse, si douce, si honnête petite chose humaine,
Souviens-toi.

Iᵉʳ COUPLET

Bien chères me sont tes douleurs,
Car, sans elles, pauvre adorée,
Je n'aurais pu boire tes pleurs
Sur ta lèvre décolorée.
Je n'aurais pas vu dans tes yeux,
Ton âme apparaître sans voile,
Telle dans la nuit noire, aux cieux,
Surgit, radieuse, une étoile.

REFRAIN

Que la douce souvenance
De mes baisers ensoleille tes jours,
Plus de désespérance
Et viens sourire à nos amours.

2ᵐᵉ COUPLET

Ainsi'que des oiseaux moqueurs,
Les destins sifflent à nos peines,
Les douleurs rapprochent les cœurs,
Font se confondre les haleines.
Sèche tes pleurs et souris-moi.
Les chagrins n'ont qu'une durée,
Mon cœur, tout mon cœur est à toi,
Sèche tes pleurs, mon adorée.

3ᵐᵉ COUPLET

Lorsque se glacera ton front,
Que sera ton âme angoissée,
Lève tes yeux, ils me verront,
Au doux appel de ta pensée ;
Mon image te sourira,
Et ma lèvre, mon adorée,
Dans un pur baiser s'offrira :
Ne sois plus la désespérée.

C'est la Saison de la Froidure

en *Ton Souvenir*,

—

en bonne amitié, à *Marcel Legay*..

C'est la saison de la froidure,
Il neige, vois, les toits sont blancs,
Les arbres ont la chevelure
Des légendaires vieilles gens.
Tout sommeille, mon amoureuse ;
Seule, parfois en s'allongeant,
Glisse une ombre silencieuse,
Sur le sol tout nappé d'argent.

Tel le soleil un soir d'Automne
Teinte de pourpre l'horizon,
La flamme du foyer, mignonne,
Met sur tes lys du vermillon ;
Et sur tes longues tresses blondes
Des flamboiements d'ors embrasés ;
Dans la nuit qui voile les mondes
Plus tendres se font les pensers.

Mes yeux disent de douces choses
A tes yeux au regard moqueur,
Je vois rire tes lèvres roses
En écoutant battre mon cœur.
O mignonne, il est doux de vivre,
Près de l'âtre un soir glacial,
Quand aux arbres tremble le givre
En pendeloques de cristal.

Si dure, hélas! est l'existence
De ceux qui n'ont ni feu, ni lieu,
Et qui, dans leur désespérance,
Rêvent le mal, doutant de Dieu.
Pensons, mignonne, à notre obole,
Doublons la part des malheureux,
Et maintenant, ma toute folle,
Viens que je baise tes grands yeux.

CATALECTES

IDÉALITÉ ET RÉALITÉ

en bonne amitié à Fernand Clerget.

C'EST Juillet. Le flot bleu sur les ors de la plage
Étincelante de micas, sans se douloir
Expirait : le soleil embrasait le rivage,
Et la mer, au lointain, flambait comme un miroir.

Quelques rares oiseaux, aux grandes ailes blanches,
Très lourds, plongeaient dans l'onde ou voletaient dans l'air,
Riante vision de lys et de pervenches,
Entre les deux azurs du ciel et de la mer.

Très loin, se découpaient d'imperceptibles toiles
Dont le blanc tiquetait d'argent l'horizon bleu ;
Plus près, le long des mâts, flottaient, veules, les voiles
De barques en partance... On respirait du feu.

Loin des groupes bruyants et des bandes joyeuses,
Loin des mignons enfants aux gracieux ébats,
Loin d'exultants baigneurs et de folles baigneuses,
Vers des rochers déserts j'avais porté mes pas.

Je contemplais, ô l'imposante et grandiose
Merveille ! la mer en son doux recueillement,
Et mes yeux éblouis, cherchant l'apothéose
De ce chef-d'œuvre, allaient de l'onde au firmament.

Dans mon être tombait l'éclatante lumière
De ce jour l'embrasant de sa pure clarté ;
Alors, se dégageant de sa vile matière,
Mon âme s'envola dans l'Idéalité.

Je planais avec elle en des zones sublimes
Où tout est beau, pur, saint. Dans mon rêve toujours,
Toujours montant plus haut en les célestes cimes,
J'arrivais dans l'Éden des divines amours.

Blanches comme les lys, roses comme les roses,
Noires comme les nuits, esthétiques beautés,
Des vierges aux yeux clairs, aux paupières mi-closes,
Le front resplendissant d'exquises majestés,

Du pied foulaient des fleurs de formes inconnues,
Vers les bosquets ombreux où vibraient des baisers,
Elles allaient par deux, virginalement nues,
Cherchant les doux amants que créaient leurs pensers.

O ces rêves de fous, ces rêves de poètes,
Qui les font louvoyer sur des lames d'azur,
— Lames d'azur ayant des diamants pour crêtes, —
Et planer dans un ciel éternellement pur.

O ces fous ! ô ces fous ! ô ces buveurs d'étoiles,
Ces amants de la lune ! ô ces ensoleillés,
Qui déchirent du ciel les merveilleuses toiles,
Pour baiser saintement des fronts immaculés.

O fous qui, tout vibrants de lyriques délices
Et de chastes transports de vierges aux doux yeux,
Reviennent brusquement sur la terre où les vices
Étalent leurs cancers en blasphémant aux cieux.

Avoir bu du soleil, ruisselants de lumière,
Dans la nue avoir pris d'extatiques ébats,
Et retomber, hélas, pantelants sur la terre !
Avoir monté si haut et descendre si bas !

Combien de temps restai-je ainsi dans mon beau rêve ?
Je l'ignore : mes yeux, encor tout éblouis,
Désespérés, allaient sur la mondaine grève,
Funèbre maintenant, quand soudain je pâlis.

Une apparition, belle comme les anges
De mon songe d'amour, debout, sur un rocher,
Se dressa ; je la vis avec des airs étranges,
Mystérieux, vers moi doucement s'approcher.

Un énorme granit me cachait à sa vue.
Me croyant le jouet de mon cerveau troublé,
J'étais pour m'écrier : serais-tu descendue,
Mystique vision, de l'azur constellé,

Pour venir me donner sur cette terre infâme,
O ma vierge ! un brûlant et suprême baiser ?
Lorsque se retournant, l'épouvantable femme,
Se retroussant d'un geste, ainsi que pour gueuser,

Se baissa, s'accroupit, puis montrant sa chair ronde,
Ejecta sur le sol de fétides humeurs.
Réalité brutale ! ô nature orde, immonde !

L'Idéal est un mot ; pourtant, hélas ! j'en meurs.

SUR UN PASTEL

en bonne amitié à Louis Garreau.

ELLE est jeune, elle est belle, elle est blanche, elle est rose.
Dans ses cheveux d'or roux sont piqués des pavots
Écarlates, sanglants ; sa bouche demi-close
Fait entrevoir ses dents, véritables joyaux,
Vision de corail et de lys ; et la flamme
De ses yeux noirs frangés d'ébène, au regard fin,
Bouleverse tout l'être en incendiant l'âme ;
Gorge et bras nus, sa chair, d'un corset de satin
Noir comme ses grands yeux, sort superbe et troublante
Et sans bijoux...

      Dehors mugit le carnaval.

Dans un salon d'amour, rieuse, effervescente,
Elle est là, debout. Dans les coupes de cristal,
— Sur l'or du sable, ainsi les neiges de la lame —
Le champagne aux tons d'ambre auréolé de lys,
Sous la blanche clarté des papillons de flamme,
S'irise, en se nacrant de subtils coloris.

Les coupes de cristal jusques au bord sont pleines.

D'un geste gracieux elle en prend une.

Alors,
Levant son bras d'albâtre, elle dit :
« Foin des peines !
Cette nuit, tout est fol, exultant, sans remords.
La danse donne soif, dansons. Le vin enfièvre,
Enamoure, buvons !
Buvons, aimons toujours !
Que ma brûlante haleine et mon humide lèvre
Grisent les cœurs de vin et de chaudes amours !

Buvons ! »

Tendant sa coupe, à la française, chose
Charmante, elle heurta d'autres coupes,
et but.

Jusqu'au jour, le Baiser, ce divin virtuose,
Prit son âme pour rythme et sa bouche pour luth.

JEANNE

en bonne amitié à Rene Émery.

BLONDE, blanche de chair, rose de carmin rose,
Jeune, des yeux bleu-clair, fouilleurs, paillards et gais,
Un air de bon garçon, j' menfoutiste, sans pose,
Des bras maigres, taillés en manche de balais,
Avec pour bouche un four et pour jambes des quilles,
Au Moulin-Rouge, en la salle ou sur des tréteaux,
Feu au cœur, diable au corps — androïde à quadrilles —
Ouvrant — écartement de paire de ciseaux —
Les jambes, où, dans l'air, en un flot de dentelle
A l'aperçu troublant, les jetant tour à tour,
Elle danse avec des façons de sauterelle
Et de contorsions de fille en mal d'amour.

En la voyant ainsi, clownesque disloquée,
A la bouche qui rit dans un rire voulu,
Il nous semble voir une hystérique toquée
Chahutant, gambillant un pas d'hurluberlu,
Et malgré sa maigreur, malgré sa jambe grêle,
Il vous vient des désirs violents, bêtes, fous,
De prendre entre les bras cette créature frêle
Et de baiser ses yeux canailles et voyous.

NOCTURNE

CROQUIS

en bonne amitié à Auguste Barrau.

CHAPITRE I

LA neige sur Paris tombe........................
.... Triste dimanche !

CHAPITRE II

Les sergots, le nez rouge et la moustache blanche,
Avec leur capuchon rabattu sur le nez,
Semblent les vieilles gens des contes surannés ;
Les voitures sans bruit circulent dans la neige :
Les cochers, en sacrant, tempêtent sur leur siège ;
Le col du pardessus relevé, les messieurs
Marchent en pataugeant, sans regard pour le gueux :
On dirait les passants saupoudrés de farine,
Les boulevards jonchés de branches d'aubépine,
Et tous les toits coiffés de bonnets de coton ;
Des tourmentes de neige aveuglent le piéton ;
La lumière des becs de gaz aux carreaux ternes
Jette des feux blafards de crasseuses lanternes.
Soir infect !

CHAPITRE III

Et les gueux, comme de blancs pierrots,
Sans tabac et sans rond, vont cherchant des mégots,
Devant les grands cafés, dont la clarté d'or ambre
Le linceul des trottoirs.
          Un sale mois, décembre !

CHAPITRE IV

Le visage bleui par la neige et le vent,
En cheveux, l'œil cochon, elles sont là, les grues,
Les pierreuses, au coin des innombrables rues
Proches des boulevards, — flot de filles mouvant —
Sortant, avec le soir, d'inavouables bouges,
La figure trop blanche et les lèvres trop rouges,
Puant le vin, la chair, les odeurs bon marché,
Pour se mettre aussitôt à la chasse au miché.
Pas gai de barbotter dans la neige fangeuse,
Et malgré ses ennuis d'être bathe et rieuse,
Sans cesse, de grimper en des chambres sans feu,
De froid, claquer des dents sur un sordide pieu,
De rire par raison, le cœur pas à la chose ;
Dans le métier — ah, nom de Dieu ! — tout n'est pas rose.
Mais il faut persiller, turbiner à tout prix,
Afin de n'avoir pas, en rentrant au logis,
Veule, crottée, avec une voix de rogomme,
Sans braise, le ballon enlevé par son homme.

CHAPITRE V

Il neige encore...
          — Chien de temps.

Chapitre VI et dernier

                                    Pauvres catins,
Elles sont toujours là, blêmes, les yeux éteints,
Tandis que leurs marlous sont, eux, bien à leur aise,
Chez le troquet, pendant qu'elles font la punaise
Ou bien le pied de grue en gobant le marmot,
Eux baths, vident des bocks et des bols de vin chaud
En taquinant le dos à la dame de pique.
— Et plus d'un rentre au jour, plein comme une bourrique.

APOTHÉOSE MACABRE

en sincère hommage et bonne amitié
à Louis Tiercelin.

Dans le Cirque des Nuits où des nuages — toiles
Sombres — chantent avec le vent des chants de morts,
Dans ce cirque éclairé par de rares étoiles,
Une furtive lune au fond de noirs décors,
Quand les Saintes, au ciel, dorment avec les Anges,
Des femmes aux cils peints accourent des enfers
S'asseoir, seins nus, montrant, impudiques mélanges,
Les ocres et le noir et le blanc de leurs chairs ;
Et des hommes au front coupé d'affreuses rides
Prennent place à côté d'elles, silencieux,
Fantômes d'outre-tombe, aux visages livides,
Aux rictus grimaçants. — Cirque mystérieux,
Lugubre, où chaque soir se changent les programmes,
Où les Vices humains déroulent leurs tableaux. —
Le Crime aux yeux sanglants dans ses sinistres drames
Frappe de vrais mortels avec de vrais couteaux ;
La Prostitution ouvertement embauche
Des vierges dont les pleurs avidement sont bus
Par des charnels qui les jettent à la Débauche,
Quand de sales amours leurs désirs sont repus ;

Et la Loi, pour de l'or, fait mentir la Justice ;
Et l'Eglise, ô Jésus ! trafique de l'autel ;
Et la sainte Vertu que terrasse le Vice
Se meurt en implorant un impassible Ciel.

Dans ce cirque hanté par les âmes damnées ;
Ces Affolés de chair, ces visions de morts,
Viennent pour expier — revivant leurs années —
Les actes monstrueux de leur terrestre corps.

Comme avant l'ouragan se torturent les lames,
Ce flot de Trépassés se lève en frémissant,
En voyant dans l'arène entrer, coiffé de flammes,
Un Clown avec un Porc au groin repoussant.

Aussitôt, aussitôt ce n'est que cris de rage :
Sus au clown Alcool ; mort au Verrat Humain,
La cause de nos maux, de nos crimes ! — L'orage
.Grandit : sous les sifflets le Clown reste hautain.

Il connaît ces maudits — ces hommes et ces femmes :
Pourceaux ils ont été sur la terre, au moral,
Pourceaux ils ont vécu méprisables, infâmes,
Et pourceaux ils seront dans le séjour du Mal.

Il dit : Silence à vous ! Les noirs démons m'envoient
Pour vous précipiter aux lueurs des éclairs,
Dans la danse infernale ou dans les heurts se broient
Les corps, dans les baisers se déchirent les chairs.

Tout s'est tu... Seuls, les cœurs dans les seins indomptables
Frémissent sous les doigts crispés de Belzébuth !
Le Bouffon fait un signe ; alors, épouvantables,
Rugissent des appels de bête fauve en rut.

Sur la piste ébranlée, effrayante d'allure,
S'élance, haut le col, les narines en feu
Et les flancs en sueur, la cavale Luxure ;
Le lourd pourceau bondit, saute et tombe au milieu

De la croupe fumante ; — alors, les deux immondes,
Galopant dans l'arène, entraînés par le Clown,
Attirent tous ces morts des incomptables Mondes
Parmi les tournoiements effrayants de simoun.

Au sein du tourbillon la Luxure se cabre
Sous le fouet, le Porc, aux râles des damnés
Que le Clown fait tourner en la Valse Macabre,
Mêle ses grognements et ses cris effrénés.

Ils tournent en spirale, et montant vers les nues,
Ils s'élèvent encor, toujours, hurlant d'amour,
Dans un envolement, un fouillis de chairs nues
Et de corps enlacés s'évaporant au jour.

. . . .

Quand pâlirent au ciel les morbides étoiles,
Du cirque où sont venus les hôtes de l'enfer
Il ne reste plus rien que de lugubres toiles,
— Nuages noirs, — flottant sur le firmament clair,

Et que le souvenir d'une nuit de tempête
Où gémissent les vents, où mugissent les flots,
A l'aveugle mortel que la terreur fouette,
Que font pâlir d'effroi de déchirants sanglots ;

Et que la souvenance au poète, qui rêve
De ces morts condamnés à se ronger les seins,
A se broyer les os, à se pâmer sans trêve,
Toute l'Eternité ! dans de charnels festins.

POUR PIERROT

La Mort de Pierrot

MONOLOGUE

en bonne amitié à Georges Montorgueil,
qui baptisa : "LES POÉSIES DE BEC-
ED-GAZ", "LA CHANSON DES GUEUSES".

LE soir jette sa teinte brune
Sur la terre où cesse tout bruit.
Bientôt tu vas surgir — ô lune !
Comme une vierge dans la nuit.

O lune, à la face d'albâtre,
Sortant, enfin, de ton palais,
Sur la scène du bleu théâtre
De l'Immensité, — tu parais.

Je te vois ! ô ma douce lune !
Je te vois, mais, las de souffrir,
Ton blanc Pierrot, qui t'importune
Quand pointe la nuit, va mourir,

Tu le dédaignes, ce poëte !
Ni ses souffrances, ni ses vers
T'émeuvent — tu restes muette,
Comme un sphinx aux grands yeux ouverts.

Lune, ô ma reine, ô mon amante,
Ne reste plus sourde à ma voix,
Ecoute ma prière ardente,
Lune, pour la dernière fois.

O blanche lune, Pierrot t'aime.
Il t'aime, ce pâle Pierrot,
Si pâle, hélas, qu'il en est blême.
Ne lui diras-tu pas un mot ?

Pitié. Regarde-moi : je pleure
Comme un enfant. Regarde-moi.
Va-t-il donc falloir que je meure
Sans un seul sourire de toi ?

O lune à la douce lumière,
Grâce, ne me repousse pas.
Viens m'enlever de cette terre,
Viens, lune, je te tends les bras.

Non. En ta marche vagabonde,
Dans l'azur tu glisses toujours
Là-haut, — semblant narguer le monde,
Et ses haine, et ses amours.

Dis-moi, qui, folle, enamourée,
Dans les vastes champs du ciel bleu,
Te fait, face décolorée,
Courir parmi les fleurs de jeu ?

Et dans quelle céleste couche
Passes-tu chaque mortel jour ?
Et quelle bouche sur ta bouche
Cueille tes longs baisers d'amour ?

D'où sors-tu, des lys à la joue,
Des violettes sous les yeux ?
Sur tes lèvres, qui font la moue,
Des morsures aux poinçons bleus ?

Pour n'oser montrer que ta face
De quel voile te drapes-tu ?
Quel dieu dans la coulisse, enlace
Ton corps de neige mi-vêtu ?

Las ! insensible à mes tortures,
De moi tu détournes les yeux,
Ta lèvre aux lubriques morsures
Esquisse un rire dédaigneux.

Va, poursuis ta course insensée,
L'œil creux et le masque moqueur,
Pierrot, changeant de fiancée,
A la Mort va donner son cœur.

Je riais de ta face blême,
Lune. Je me moquais de toi.
A l'Autre, à cet autre que j'aime,
Je passerai la bague au doigt.

Je vais mourir avec courage,
Car je vais en mourant pouvoir
Baiser ta chère et douce image
Sur l'eau du lac frangé de noir.

L'horrible mort ! elle me guette
Aux bords de ce lac, ton miroir,
Où tu ris comme une coquette
Dans la glace de son boudoir.

Reçois dans ton onde limpide,
Lac, le blême Pierrot, le fol,
Dont la voix plaintive intimide,
Trouble le chant du rossignol.

L'eau se frise autour de ma tête
Et, de son glacial linceul,
— A mon cou formant collerette —
Mon masque blafard surgit seul.

Comme sur la crête des lames
D'un océan au flot changeant,
Astre témoin de sombres drames,
Surnage ton disque d'argent.

Enfin, ton image adorée
Me sourit sur le cristal pur,
Ainsi ma figure poudrée
Semble te baiser dans l'azur

Horreur ! entre nous deux se place,
Lune, l'épouvantable Mort ;
En ricanant elle grimace,
Sa bouche sans lèvres me mord.

Quand mon corps flottera sur l'onde,
Tes blancs rayons argenteront
Ma face dépoudrée et ronde,
— Et demain les miens pleureront.

Adieu, ma blanche fiancée ;
Adieu, je te pardonne, adieu !
Pierrot meurt avec la pensée
De te revoir dans le ciel bleu.

PLAIDOIRIE DE PIERROT

MONOLOGUE

en hommage à Madame E. D.

Messieurs les juges, mes nom et prénoms : Pierrot.
Le métier que j'exerce ?... un bien pauvre : poète.
Bafoué par le fat, insulté par le sot,
Méprisé par le riche, en sa douleur muette,
Le poète, ici-bas, pâle comme un banni,
Fier de ses rimes comme un peintre de ses toiles,
Marche les yeux fixés sur l'immense Infini
Où scintillent, la nuit, les ors fins des étoiles ;
Ses pieds sont sur le sol, sa tête est dans l'azur ;
Sur ses pensers, la Muse étend ses teintes roses ;
Devant ses yeux ravis, l'Idéal au front pur
Déroule le tableau de ses apothéoses.
— Mais ce sont là des mots d'esthétique rimeur,
Ne les prenez donc pas pour de vils subterfuges.
Le poète est un fol dont la fantasque humeur
Est d'un esprit morbide et creux.
                — Messieurs les Juges,
Voici ma courte histoire : Un soir, après un bal,
Un pierrot courtisa ma mère, une pierrette.
A l'hospice naquit l'enfant du carnaval.

L'homme me fit Pierrot, Dieu me créa poète.
Je poussai, comme un brin d'herbe pousse, au hasard.
Couchant la nuit dehors, sous la voûte étoilée,
Ne pouvant, malgré moi, détacher mon regard
De la Lune, du Ciel la blanche Immaculée.

Je fis la connaissance, un soir, d'un pauvre vieux.
Il était sans enfant, comme j'étais sans père.
Oh ! je l'ai vénéré comme un saint, car les gueux
Aiment d'un pur amour que grandit la misère.
C'était un vieux poète à la parole d'or,
Comme un jongleur la balle, il maniait la rime.
Dans le monde, il n'avait pu prendre son essor,
Car il était né pauvre, et pauvreté c'est crime.
Il désilla mes yeux, fit palpiter mon cœur.
Il m'enseigna le bien, le beau. Ce fut mon maître.
Je buvais sa parole ainsi qu'une liqueur,
Et comme un croyant boit la parole du prêtre.
Nous allions, les beaux soirs, noctambules rimeurs,
Murmurer de doux vers ou rêver sur la berge.
Les ombres des bateaux moiraient les flots dormeurs,
Et la lune mirait sa figure de vierge,
Sur l'onde où scintillaient les topazes du ciel.
Nous avions pour cet astre une même tendresse.
Pauvres gueux ! Notre amour n'était point sensuel :
Purs étaient les amants, chaste était la maîtresse,
Et, pour elle, l'hommage et mystique et pieux
De nos plus chers sonnets, de nos plus douces strophes.
Dieu qui nous entendait toutes les nuits, des cieux,
Devait prendre en pitié ces humbles philosophes
Dont la voix s'élevait rythmée ainsi qu'un chant
Berceur de matelots. Notre amère infortune...

Oh ! Dieu la palliait avec un soin touchant...
Il donnait plus d'éclat au disque de la lune.
O belles nuits ! ô nuits d'extase ! ô nuits d'amour !
Leur chère souvenance en mon âme est cachée,
Telle, entre les feuillets d'un livre, — d'un beau jour,
La relique sacrée — une fleur desséchée.
Notre bonheur fut court ; nous étions trop heureux.
Un soir, mon vieil ami, mon cher maître, mon père
Mourut, sa main glacée entre mes mains, ses yeux
Fixés sur l'astre aimé, notre douce chimère.
Quand le dernier soupir s'exhala de son corps,
J'ai vu, — sans doute était-ce un effet de ma fièvre ? —
Son âme s'envolant, vierge de tout remords,
Vers l'astre lumineux, le baiser sur la lèvre.
Depuis, je vais sans but, sans penser, sans raison ;
Tel un amant attend son amante à la brune,
Sans voix, le cœur serré, les yeux vers l'horizon,
Je l'attends, je l'attends, ma douce et pâle lune.
Je lui peins mon chagrin, mon ardent désespoir.
Souvent, pour m'écouter, elle arrête sa course,
Attentive, semblant entendre se douloir
Le poète esseulé, sans ami, sans ressource.
Et sa figure blanche à la blancheur d'argent
Semble sympathiser aux chagrins de ma vie ;
Et ses lèvres, parfois, au rêveur indigent
Qui la contemple, l'âme en suspens et ravie,
Paraissent susurrer des paroles d'amour,
De touchante pitié. Chaque nuit, sur la berge,
Je la suis dans les cieux jusqu'à ce que le jour
Fasse s'évanouir sa face au ton de cierge.
Pardonnez-moi, Messieurs les juges, d'évoquer
Les tristes souvenirs d'un personnage infime
Qui, burlesque rêveur, aura pu vous choquer

Par son incohérence. Ici, j'arrive au crime :
Depuis près de trois jours, je n'avais rien mangé.
Des angoisses au cœur et des pleurs aux paupières,
Je marchais au hasard, triste et découragé,
Les lèvres murmurant des bribes de prières,
Lorsque je vis, penché sur un grand bol de lait,
Derrière les carreaux d'une pauvre vitrine,
Un mignon petit chat, un amour de minet,
Si blanc qu'il paraissait saupoudré de farine.
Dans la liqueur mousseuse il trempait son museau
Rose, le sortait pour se lécher les babines,
Le retrempait encor, le sortait de nouveau,
Gracieux et félin dans ses poses et mines.
Assis sur son séant, sitôt rassasié,
Il me fixa. Ses yeux malins semblaient me dire :
« Au lieu de rester, là, debout, extasié,
Viens, bon ami Pierrot. Ton visage de cire
Me dit tes désespoirs ; entre et vide le bol.
Ami, fais comme moi, bois, calme ta souffrance,
Au détriment d'un vieux fou, buveur d'alcool. »
La faim, l'occasion, le lait frais, et, je pense,
— Comme avait pensé l'âne — un diable me poussant,
J'entre dans le logis, et, d'une main avide,
Je prends le bol, d'un trait.... Messieurs, en y pensant,
Je blanchis encor plus, d'un seul trait, je le vide,
Aussitôt je ressens une douce chaleur,
— La vie, enfin, Messieurs — envahir tout mon être.
Quand j'entends une voix s'écrier : « Au voleur ! »
Je me détourne et vois, derrière moi, le maître.
Je sors de la maison et je cours comme un fou
Dans la rue, affolé. La terreur me fouette.
J'ai des ailes. Je vole. « Arrêtez le filou ! »
Hurle toujours le vieux qui me suit. On m'arrête.

Dans un cercle de gens aux regards curieux,
Je suis là, maltraité. — Ce tas de blanches toiles,
Mais c'est Pierrot, dit l'un, c'est le prestigieux
Crève-la-Faim — gobeur de mouches et d'étoiles.
Il ne vit que d'amour, de rimes, de soleil.
C'est lui, le chenapan ! tous les soirs à la brume,
— Réveillant en sursaut les gens dans leur sommeil, —
Il s'en va déclamant des strophes à la lune,
— Le fou ! — Ce qu'il a fait ? Il volé du lait !
— Il a volé du lait ! du lait ! Miséricorde !
Oh ! c'est toujours, Messieurs, l'histoire du baudet.
Ce monde avait raison. Il me fallait la corde.
Bref, on me conduisit, sous escorte, en prison.
...Avant de terminer ma longue plaidoirie,
Un dernier mot encor : Pierrot, humble garçon.
N'a droit à nul égard , pour cette galerie,
Ce peuple, il faut punir ce blanc faiseur de vers.
La justice est toujours la toile d'araignée
D'Anacharsis : les gros insectes à travers
Passent sans peine ; mais la foule rechignée,
Mécontente, mugit dehors. Il faut, il faut
Epargnant les puissants, frapper sur les infimes.
Envoyez donc, Messieurs, sans crainte à l'échafaud,
Ce fou, voleur de lait ; ce fou, chercheur de rimes.
Soit, condamnez Pierrot, oh ! mais accordez-lui
La faveur d'expier son crime un soir de lune,
Pour qu'il puisse, les yeux sur son astre chéri,
Expirer sans regret, sans chagrin, sans rancune.
Quand tombera sa tête, une autre grâce encor :
Que le sombre bourreau la lance dans l'espace,
Afin que l'adorée, au ciel tiqueté d'or,
L'attire et, sur son front, de ses lèvres l'embrasse.

LA NUIT DE NOCE DE PIERROT

PANTOMIME

en bonne amitié à P. Balluriau.

Une chambre nuptiale. Au fond, un lit — rideaux tirés. A gauche, une cheminée, avec glace — A droite, une porte. Sur un canapé, un déshabillé de mariée, en un fouillis de dentelles et de satin blancs. Sur un fauteuil, un éventail, une couronne de mariée. Sur le tapis, deux gants, deux petits souliers blancs. Sur la cheminée une pendule, deux candélabres avec des bougies jaunes, non allumées ; un bouquet de fleur d'oranger, une glace à main.

Pendus au mur derrière le canapé, un sabre, un poignard, un pistolet — de grandeur démesurée.

SCÈNE

PIERROT (1)

...La toile se lève. Minuit sonne... Dans les coulisses, cris : *Bonne nuit, Pierrot, — bonne nuit, Pierrot.*

PIERROT entre, le dos tourné. A la cantonade, il donne force poignées de main et accolades... Il se détourne, fait quelques pas, mais la joie, l'émotion le fait s'arrêter. Il porte les deux mains sur son cœur.

---

(1) Le costume de Pierrot est à la fantaisie de l'artiste, toutefois, le claque est exigé.

Oh! ce cœur, comme il bat!... Il montre le lit où
Elle l'attend, la tête posée sur l'oreiller, le sein palpitant... Elle, la Jeune, la Jolie, la Blanche, la Chaste
épousée. — Oh! comme il l'aime — Et cette vierge
est pour lui... pour lui, Pierrot! — Il prend des poses
affétées... se mire dans la glace... se sourit... s'admire — Il s'approche du lit, lentement, sur la pointe
du pied... mais il s'arrête... l'émotion le ressaisit...
son cœur bat de nouveau — Enfin, il soulève avec
précaution le rideau... sublime bonheur!... Elle est
là... dormant, le visage tourné vers l'alcove, la tête
coiffée d'un bonnet de fines dentelles... Ineffable joie!
— Il s'agenouille près du lit... mime une éloquente
prière et se relève transfiguré — Il dépose son claque
sur le fauteuil... baise avec dévotion la soie et les
dentelles... s'extasie sur le fin corset, sourit au mer-
veilleux pantalon... baise un des souliers... se pare
de la couronne — Il se lève, radieux — Il prend le
bouquet, se grise de son parfum — Puis lentement,
gravement, mais avec des effluves de joie au cœur,
il se déshabille, — En caleçon, il a chaud... Il prend
l'éventail, l'ouvre, s'évente — Il va mieux... C'est le
moment... le moment psychologique... Oh! comme
bat son cœur... Il s'approche du lit... Elle dort... O
la merveilleuse épousée!... Il la contemple, délirant,
fou — Il s'agenouille, se penche pour l'embrasser...
Il ne le peut... l'émotion... son cœur bat si fort...
Calmé, il se penche de nouveau... pour l'embrasser...
là .. sur la nuque — Il l'embrasse

Soudain, — il se redresse... les yeux épouvantés...

les dents claquantes... les membres frissonnants...
Terrifié, d'une main agitée, il montre le lit;.. C'est
une femme de marbre !... son cou est froid... glacé...
Brou !... oh ! comme il tremble !... Ciel ! sa fiancée,
son épouse est morte !... Morte !... Grand Dieu... Il
retourne vers le lit, affolé, s'agenouille, se jette sur
elle... veut la prendre entre ses bras,... mais... brusquement, il tombe à la renverse, une « tête » de
modiste sur le cœur — Hébêté, assis sur son séant, il
regarde la poupée coiffée d'un bonnet garni de fines
dentelles.

Soudain il rit... C'est une gaminerie de l'espiègle.
La mutine adorée est là... quelque part cachée...
dans un coin... sous les meubles... dans l'alcôve...
sous le lit...

Rien... personne... Elle n'est nulle part !... Il se
désespère... quand il aperçoit une feuille de papier
dans le creux de la tête de carton... Il le prend...
l'ouvre, lit :

> *Pierrot, face de farine,*
> *Arlequin*
> *Te pose ce lapin,*
> *Qu'en dis-tu ?*
>
> *Colombine.*

Il reste foudroyé — Il ramasse la poupée... la regarde, terrible... et la jette violemment par terre —
Il saccage tout... toilette... jupon... gants... couron-

ne... corset... pantalon... bottines... Une extermination ! — Il prend une pose de matador — Il voit le
bouquet... court s'en saisir.., sa figure s'attriste...
ce bouquet si blanc !... O ses beaux rêves envolés !...
Ses yeux ne peuvent se détacher de ce bouquet si
cher... Lorsque, les fleurs virginales se métamorpho-
sent en laides fleurs jaunes — Rageur, il jette le bouquet, et reste abîmé dans son désespoir — O les tortures de son cœur !

Désormais, la vie est un fardeau trop lourd pour ses
faibles épaules.

Il va mourir... se suicider... se noyer ?... non ! les
noyés sont affreux.

...Ah ! ce grand sabre... Il va s'ouvrir le ventre...
Il essaie le fil... et se coupe légèrement... Aussitôt,
il laisse tomber l'arme et sa figure grimace de souffrance... Pas de couteau, ça fait bobo.

Le pistolet !.. C'est ça, le pistolet... Il est chargé...
Bien... Le canon dans la bouche, l'effraie... Sa main
tremble... Il retire le pistolet d'entre ses lèvres... son
doigt fébrile presse la gachette... Le coup part !...
Il laisse tomber l'arme... Tout son corps est secoué
de frissons convulsifs... Il s'affaisse sur le fauteuil...
lorsque son regard rencontre les embrasses du lit...
sa figure s'illumine...

Il va se pendre !.. Longue, de ses lèvres blêmes,
sortira sa langue rose.

...Il monte sur le lit.... fait un nœud coulant... se
le passe autour du cou... ferme les rideaux...

et bientôt le corps rigide de Pierrot — dans l'écar-

tement subit des rideaux — apparaît rigide, se balan-
çant dans le vide,... les yeux hors des orbites, la
langue pendante.

RIDEAU

(Cette pantomine a été créée par l'auteur à Challans (Vendée)
dans la *Salle de l'Avenir* le 4 novembre 1888.)

(Note de la *"Plume"*.)

TROIS LETTRES A RENÉE

Lettre première

Je suis parti, je t'ai laissée,
Seule, avec ta triste pensée,
Car j'ai, stupidement moqueur,
Fait germer la honte en ton cœur

Toi qui vivais, joyeuse et folle,
Aimant la nuit, aimant le jour,
Ainsi qu'un papillon s'envole
Buveur de soleil et d'amour :
Insouciante, inassouvie,
Ma rieuse, toi qui semais
Sur le grand chemin de la vie
Ta vertu, sans rougir jamais ;
Toi, qui gaspillais ta jeunesse
Ardente et superbe, à ton gré,
Ton front a des plis de tristesse
Pour m'avoir, un jour rencontré :
Moi, le chercheur toujours en quête
D'amour éphémère et vénal

Et qui veux briser le poète
Qui sent vivre en lui l'animal.
Mais le blasé, mais le sceptique,
Le rêveur, le désenchanté,
Pour ton corps de statue antique,
Tes doux yeux, ta blanche beauté ;
Pour ta lèvre rose que mange
Toutes les fleurs de volupté,
Il éprouva, ce très étrange,
Un élan de fraternité.
Mais bientôt se faisant un crime
De donner à qui les cherchait
Les jeux de ta savante escrime,
De fille d'amour au cachet,
Pris soudain d'une rage folle,
Il pressa ton sein sur son cœur,
L'âme mauvaise, sans parole,
La bouche ouverte, l'œil moqueur.
Puis, sur ta si douce figure,
Il vomit, revomit l'injure,
Oh ! qu'il fut lâche, oh ! qu'il fut fou !
Toute cette nuit profanée,
Tu pleuras, ma pâle Renée,
Tes bras en collier à son cou.
Et tu n'as point, par ton beau rire
Au timbre vibrant de cristal,
Arrêté la phrase en délire
De ce fou, chercheur d'idéal.
Non, non, la poitrine oppressée,
Contre moi doucement pressée,
Le front blanc de mates pâleurs,
Le regard irisé de pleurs,
Tu m'écoutais. Soudain ton âme

Dans la lumière de tes yeux
Si tristes et pourtant sans blâme,
M'est apparue ; ainsi qu'aux cieux,
Quand le soir entr'ouvre ses toiles,
Paraît tout un monde d'étoiles.
Alors, comme autrefois Jésus
Relevant du sol Magdeleine
Je te pris — et ne voyant plus
La fille — en buvant ton haleine,
J'ai mis sur ton front lentement
Un chaste et pur baiser d'amant.

Lettre deuxième

Notre histoire, la voici, Née :
Banalité de chaque jour,
On se vit une matinée,
Toi, vendant, moi, payant l'amour.

L'amour ? Non, des plaisirs infâmes,
Aux brutaux et louches transports :
Non, la rencontre de deux âmes,
Mais la recherche de deux corps.

Pour, en cette vie impudique,
Vivre des jours ainsi vécus,
Faut-il qu'une fille publique
Soit immonde ! Hélas ! tu le fus.

O Renée, ô fille cynique,
Au corps si sublimement beau,
A l'âme qui fut si pudique,
Que n'es-tu donc Vierge au tombeau ?

Que n'es-tu morte, ò blanche Née ?
— Mais Renée, hélas ! est au mal,
Et va suivant sa destinée
De jour en nuit vers l'hôpital.

O fille à la menteuse bouche
Dont l'aveu d'amour s'avilit,
Avant que, près de toi, se couche,
Amant sinistre sur ton lit,

Le Remords qui prendra ton âme
Pour briser ton corps tout entier,
Sois impudique, sois infâme,
Et sois vile ; — c'est ton métier.

De la honte, tourne la meule.
Tourne toujours, tourne toujours,
Toujours ! Ne fais pas la bégueule,
Il n'est point de sales amours.

Hé, fille, à celui qui les paie,
Tes faveurs ! il te faut du pain.
— L'homme fait chanter sa monnaie,
H·· p ! fais chanter ton cœur, catin.

— Renée, ò ma blanche Renée,
Qui m'inspiras « Rose Frou-Frou »
Si, par Dieu, tu n'es pardonnée
Il te plaindra du moins, ce fou,

Ce poète au cœur de bohème,
Qui, renouvelant tes douleurs,
En te susurrant un poème,
Un soir, te fit verser des pleurs.

Surpris, j'interrompis mes rimes.
Mes yeux plongèrent dans tes yeux :
O ma Renée, instants sublimes
Et que doivent bénir les cieux !

Oh ! j'ai gardé la souvenance
De ce beau soir, dévotement,
— Les astres en effervescence
Pailletaient d'or le firmament.

Et cette lumière d'étoiles
A la boréale clarté,
Sur l'onde bleue aux rares voiles,
Sur la vieille et sombre cité,

Mettait la lueur chimérique
Et blanche d'un soleil pâli.
— Lueur sépulcrale et mystique,
Oh ! si douce à mon cœur vieilli.

— Tu pleuras non de corps, mais d'âme.
Ces doux pleurs d'expiation,
Bénis-les, car ils furent, femme,
Le prix de ta Rédemption.

J'ai vécu ce moment, Renée, et je t'insulte !
Non, ce n'est ni ton corps, ni ton cœur, ni ta croix
Que j'insulte : du Mal, c'est le pouvoir occulte,
C'est le Vice arrogant monté sur le pavois.

Oui, oui, jusques au sang, oui, ce que je cravache,
C'est la loi du plus fort ; c'est l'aveugle Destin.
Ce n'est pas sur toi, non, en crachant que je crache,
C'est sur qui, de toi toute, a fait une catin.

LETTRE TROISIÈME

PLUS de pleurs. Pense au Christ et songe à Magdeleine.

Toute douleur est sainte et bien sainte est la tienne.
La honte de tes jours, de tes nuits est à ceux
Qui t'ont chassée, un soir, des larmes dans tes yeux,
Violée et mère — oui, la Luxure est infâme.
Le mépris d'un fer rouge au front marque la femme :
Fille au louche regard, batteuse de trottoir,
A qui passe, s'offrant dans une langue étrange,
Et traînant pour traîner son âme dans la fange ;
Fille, esclave d'amour, dès que tombe le soir,
Du crayon noir aux yeux, du carmin à la joue,
En de honteux salons, folle, faisant la roue ;
Mondaine au teint de lys, bourgeoise au teint de feu,
Festoyant par désirs ou par folâtreries ;
Altière et grande dame aux fières armoiries,
Prostituant à tous les hasards son sang bleu ;
Mais il ne marquera pas, ma blanche Renée,
Celle qui succomba, comme toi, presqu'enfant,
— En ce monde, l'enfant pauvre est au Mal souvent —
Dans le lâche viol d'une brute obstinée ;
Il ne marquera point celle qui ne sait pas
Dans le si dur chemin du Vrai guider ses pas ;

Il ne marquera point l'ouvrière que tue
La Misère et qui, pâle, au Vice triomphant,
Pour soutenir les siens se vend, se prostitue,
Ma pauvre, ainsi que toi, pour nourrir son enfant ;
Il ne marquera pas non plus l'abandonnée,
Celle que sa fatale et sombre destinée
Fit tomber, le front blanc de mortelles pâleurs ;
Celle que, sans pitié pour ses cris de douleurs,
Un monde bestial, cruel, jette en pâture
Aux répugnants baisers de l'Humaine Luxure.

Mais comme un innocent monte sur l'échafaud,
Résigné, haut le front, fort de son innocence,
Monte aussi le chemin de l'aride existence.

Pour vivre, pauvre fille, aime puisqu'il le faut.
Ne pleure plus. Brave le Vice qui t'embauche.
Pour le corps seulement est vile la Débauche.

Soit ! Laisse marchander et profaner ton corps,
Mais que ton âme reste à jamais sans remords,
Afin qu'entre ta lèvre aussi pâle qu'un cierge,
Quand la Mort s'étendra sur ton sein, à son tour,
S'échappe d'un cœur vil de vendeuse d'amour,
Vers le ciel du Pardon, ta pauvre âme de Vierge.

AVANT MINUIT

CONTE DE NOEL

à Celles qui sont tombées
vaincues par la Vie.

DANS la rue, le vent, en des gammes plaintives
ainsi que des bourrasques de tempête, gémissait
ou hurlait, semant, par rafales, des lambeaux de caril-
lons appelant les fidèles à la messe de Noël ; dans la
chambre ardemment éclairée le feu crépitait, étoilant
d'étincelles d'or l'âtre flamboyant et cet embrasement
de lumières diamantait les vitres ouatées de neige.

En l'attente de l'heure consacrée, autour d'une
table chargée de mets froids, de verres au cristal
irisé, de fioles poudreuses, jonchée de fleurs, quatre
amis étaient assis à côté de quatre jeunes femmes à
la radieuse beauté, mi-vêtues — dans ces splendeurs
de lumières ces autres splendeurs de Vie — le dos
noyé dans l'enfouissement des coussins moëlleux dont
les soyeuses et tranchantes nuances auréolaient les
chairs. En dépit de ces apprêts de fête et de baisers

les fronts étaient soucieux : la perspective de cette
nuit aux humaines satisfactions mettait comme un re-
flet de remords dans leurs regards gênés par ce luxe
savamment combiné pour exciter la joie des yeux, le
désir des sens : — par ce lugubre et mortel temps,
combien de malheureux ne savaient où abriter leurs
corps cravachés par la bise, dévorés par la faim, en-
linceulés de neige ?

O dans ces festins où musiquent les rires, sonnent
les baisers, psalmodient ou délirent les voix, ces visions hâves dont les yeux avivés par les fièvres men-
dient avec des regards d'indéfinissables supplications
une bouchée de pain !

Une des jeunes femmes à la blanche et rose figure
illuminée par des yeux bleu-noir pailletés d'or, à la
chevelure de cuivre embrasé, venait de peindre avec
d'imperceptibles sanglots dans la gorge et, parfois, à
la paupière une fugitive larme — lumineuse rosée de
l'âme — le tableau de ses souffrances et de ses désespoirs éprouvés la nuit de Noël dernier, au fond d'un
galetas mal clos, sans feu, ni pain : sa mère malade
et ses deux jeunes sœurs grelottantes de froid, mou-
rantes de faim.

Tous l'avaient écoutée religieusement, car tous,
hommes et femmes, avec la Misère avaient lutté
corps à corps, face à face, bouche à bouche et lutté
âprement, car, de ce combat à outrance dépendait
l'existence d'êtres chéris — Qu'importent les douleurs
morales ou physiques lorsqu'il n'y a que soi à les sup-
porter, c'est la vue des souffrances de ces êtres chéris

qui angoisse, torture, révolte, et c'est de ces angoisses
et de ces tortures que germent les suicides, de ces
révoltes que s'enfantent les vols et les meurtres.

Il est bien certain, dit l'un d'eux, poète dont les
œuvres d'apparences osées contiennent de grands frissons d'âme comme de grands frissons de corps, il est
bien certain que peu de gens, en un pareil moment,
devant de pareils préparatifs d'éphémères joies s'at-
tristeraient en songeant aux sans-feu-ni-lieu qui se
meurent vivants. Ils sont multitude ceux que la misère
et les souffrances d'autrui n'émeuvent et ne troublent.
Légion les riches pour qui la Charité est chose pué-
rile et ridicule, en ce final de siècle où la pauvreté est
infamante. Mais ceux-là ne sont pas véritablement
heureux, car les cœurs secs jouissent sèchement ; sans
ensoleiller leurs matérielles joies d'aucune noble pensée, ils vivent comme des brutes.

Notre amie vient de nous raconter que le lendemain
de cette angoissante nuit de Noël afin de donner du
pain à ses sœurs, sauver sa mère qui, faute de l'indis-
pensable, se mourait, contre une pièce d'or — une
fortune — elle consentit, sous les auspices d'une
proxénète de bas étage, à se livrer à un inconnu, elle,
l'immaculée.

Pendant une nuit, il lui prouva l'effervescence ra-
geuse de ses sens qu'aiguillonnaient les hontes et les
larmes de notre amie et le lendemain, repu, il la fit
congédier dans un bâillement, par un laquais cynique
et exigeant.

Qui apothéose les jouissances de la chair si ce n'est

la plus sublime chose humaine : le Cœur ; qui, après le baiser brutal, nous fait serrer longuement entre nos bras le corps palpitant de l'adorée, sur ses lèvres appuyer religieusement nos lèvres, telles des lèvres chrétiennes sur une sainte image, et susurrer à son oreille les doux mots qui sanctifient la prière d'amour, si ce n'est encore et toujours le cœur ; le cœur qui sait comprendre, chérir ; le cœur jamais las et qui s'élève lorsque le corps tombe.

Cet homme, buveur de baisers que fait éclore l'affolement matériel ou la comédie des vibrations, ce vandale d'amour qui viola notre si sensitive amie, a-t-il eu seulement, une durée d'éclair, l'intuition des exquises joies que peut procurer une caresse arrachée par les extases d'une âme que transportent de saines amours ? Non : il se conduisit en brute et en brute il s'assouvit.

Qui nous a rapprochés, vous, les joyeuses de commandes, histriones d'amour, nous, les humbles lutteurs pour la vie, mercenaires du travail : le Cœur.

Pour vous joindre à nous, vous les vénales, qui vous a fait refuser de somptueuses orgies, d'où vous sortez, au jour, des lilas sous les yeux, des mâchures au col, défardées, livides, mais les bas de soie bossués de louis d'or, est-ce le lucre, l'appât d'un gain plus fort ? non, car, ici, plus que votre corps de joies exultantes et profanes vous apportez votre cœur de souffrances cachées et saintes.

Ah ! cette phrase de Christ : il lui sera beaucoup pardonné parce qu'elle a beaucoup aimé est profondé-

ment vraie ; dans la parole du Crucifié, loin... l'acte
trivial et abject avili par la luxure de deux corps! Car
il ne brillait en sa chaste pensée que l'œuvre grandiose
et sublime sanctifiée par la communion de deux âmes.

Il se tut. En ce moment, onze heures sonnaient.
Après avoir écouté, ainsi que les autres, silencieusement, les onze coups, il reprit :

Dans une heure, en même temps que sonnera Minuit, unissons douze fois nos lèvres aux lèvres chéries,
et, en songeant que, tous les huit, nous avons fait belle
la part des malheureux, que, dans les pauvres familles
visitées toute cette journée, au lieu de larmes et de
souffrances, il y aura des rires et des joies, soyons
heureux et que cette bienfaisante pensée auréole nos
fronts, illumine cette nuit de tendres et joyeuses
folies. Mais, ajouta le poète d'une voix plus grave et
plus lente, comme il faut attendre une heure avant
que sonnent les douze coups et s'unissent douze fois
nos lèvres, je vais vous conter l'histoire de deux
amants qui furent victimes de la sensibilité intense de
leur cœur; ainsi que sur un champ de bataille souvent
par leur excès de témérité périssent les braves.

La note de mon histoire sera triste, mais elle plaira
à votre cœur et mettra — comme un crêpe d'ombre
sur cette nuit rose.

Après avoir bu quelques gorgées d'un vin ambré,
une main dans celle de son amie, il commença :

Je sortais d'une soirée intime donnée dans un salon
de la rive gauche, le front encore enfiévré de mes
débits et de mes mimes ; en compagnie d'un jeune

peintre revenant, avait-il dit, d'un court voyage, je
me rendais à mon hôtel, respirant avec un sentiment
de grand bien-être l'air frais d'une nuit étoilée de
novembre.

J'allais causant à mon ami silencieux ; soudain, suivant sa pensée, il me dit : Pourquoi, toi, le poète des
riantes choses, écrire et débiter des strophes aussi
lugubres que les CIMETIÈRES et les MORTS ? Oh !
continua-t-il d'une voix étrange et jamais entendue,
en me prenant le bras, ses grands yeux sur les miens
dans un regard d'une fixité hagarde et jamais vue, il
ne faut point parler des morts... car ils entendent
toutes nos paroles, voient tous nos gestes.

Surpris, je le regardai, ses yeux avaient repris leur
expression normale, toutefois, j'y lisais comme une
pensée d'épouvante et je l'entendis murmurer plusieurs
fois : *les Morts !... oh ! les Morts !...* puis, forçant
le pas, il me dit : Te souviens-tu de Paul Darcier et
de sa si gentille femme Marcelle, si blanche, si rose,
si gracile ?... Lui est mort phtisique ; elle est deve-
nue folle.

J'aimais Paul comme un frère aîné et Marcelle
comme une sœur chérie.

Un soir, l'horrible mal le cloua pour jamais sur sa
couche. Marcelle, son adorée, sa religion, le soigna,
nuit et jour, avec un dévouement qui n'avait d'égal
que leur réciproque amour.

Une nuit que je m'étais assoupi sur le canapé d'un
cabinet voisin de sa chambre, je l'entendis lui faire
jurer de rester fidèle à sa mémoire, ainsi que, la veille,

il m'avait fait jurer de n'aimer Marcelle que comme une sœur. Dans l'immensité de sa douleur, elle jura avec une expression telle, qu'il s'endormit pour toujours avec l'espérance que nulle lèvre profane n'effleurerait même un doigt de celle dont il avait eu la première pensée et le premier baiser. Egoïsme d'amant passionné et jaloux se révoltant contre la vision obsédante de l'adorée se pâmant sous les baisers d'un autre.

Je passe sur le jour funèbre et sur les longs mois de deuil de la désolée, écoulés dans la retraite d'une chambre drapée de noir ou sur la pierre tombale.

Près de deux années s'étaient passées sans apporter nul changement ni dans son deuil, ni dans sa silencieuse et mélancolique tristesse.

Elle devint malade à son tour et s'alita.

En vain, dès les jours ensoleillés, le docteur lui conseilla-t-il les bords de la mer, des distractions, la désespérante entêtée refusait, voulant mourir. — Un soir, le docteur, en sortant m'appela d'un signe. Je le suivis. Dans le couloir, sévèrement, il me blâma de n'insister pas davantage pour la faire consentir à ce départ.

— Hélas ! lui répondis-je, j'ai osé formuler des désirs, j'ai fa'' tout ce qui dépendait de moi pour combattre cet .,.explicable entêtement.

— Malheureux ! s'écria-t-il avec véhémence, c'est l'abandonner à la mort.

— Je le sais, répondis-je tristement, mais le soir de la journée fatale, j'aurai vécu.

— Vous l'aimez donc bien, me demanda-t-il d'un ton doux et bienveillant ?

Pour toute réponse, silencieusement, je lui serrai la main.

Lorsque je retournai m'asseoir auprès du lit de Marcelle, il me sembla que sa face était transfigurée. Avec un étonnement profond et n'osant en croire mes yeux, je la regardais sans rien dire. En réponse à la muette interrogation de mon regard, sortant de sa couche son bras amaigri, en me tendant la main, elle me dit, avec un sourire lumineux de larmes :

— J'ai tout entendu, Maxime, je ne veux pas que vous mourriez, car, aussi moi, je vous aime.

Trois jours après, nous partions pour une petite plage bretonne, elle, toute vêtue de printanières couleurs, des lueurs d'étoiles dans les yeux, et moi le soleil au cœur.

A ce moment, Maxime s'arrêta des sanglots dans la gorge, des larmes aux cils. Après un court repos, reprenant notre marche, la parole tremblante, il continua ; mais bientôt sa voix s'affermit et plus il alla dans le récit, plus ses yeux, perdant leur mobilité et douceur coutumières, devinrent fixes et hagards.

Une émotion inconnue étouffait mon cœur, étranglait ma gorge. Je croyais être sous l'influence d'une sensation déjà subie en un rêve lointain. Comme entre la démence et le génie la démarcation est indéfinissable, je me demandais si son cerveau vacillait sous le souffle de la folie ou s'embrasait d'une lumineuse flamme ? Toutefois, son récit me produisait l'attraction d'un gouffre. J'aurais voulu m'arracher au magnétisme de ses paroles, mais une force plus dominante que la mienne me faisait rester appendu à ses lèvres, avec une indéfinissable épouvante au cœur, désirant et redoutant tout à la fois de savoir le dénouement de cette pourtant très ordinaire histoire d'amour.

Dans la solitude de cette petite plage, continua-t-il, où nous cachions notre paradisiaque bonheur, nous passâmes quatre mois.

Notre félicité aurait été sans mélange, si devant nos yeux terrifiés, parfois en l'effervescence de nos caresses, dans la splendeur du jour ou dans les ténèbres de la nuit, — n'eût apparu l'image de Celui qui avait été un idolâtre amant pour elle — un tendre frère pour moi. A sa vue, nos yeux s'effrayaient et nos oreilles semblaient l'entendre nous maudire de notre félonie.

Jamais nous ne parlions de cette ombre obsédante et terrifiante qui ne nous apparaissait qu'au souvenir de notre pensée troublée, et chacun cherchait à cacher à l'autre ses épouvantables terreurs, toujours devinées à la lividité du regard, à la décomposition de la face.

O l'implacable apparition au corps toujours humain mais qui, passant de la vie à la mort, lentement et graduellement, se métamorphosait en un squelette au rictus grimaçant.

O de l'Au-Delà ce sempiternel et lugubre témoin de nos douces causeries et de nos suprêmes baisers. Hallucination ou Réalité ? O l'inexplicable mystère.

Enfin, continua-t-il d'une voix saccadée, las de nous

torturer, la sinistre vision cessa de se dresser devant
nos yeux aussitôt terrifiés : la joie quiète revint dans
nos cœurs; — plus douces furent nos caresses, plus vif
notre amour.

Vers la mi-octobre, la brise de mer trop forte op-
pressant et fatiguant l'aimée, dans sa chambre chauffée ainsi qu'une serre, je la laissai seule pendan ttrois
longs jours et deux mortelles nuits, pour chercher
dans la ville voisine une demeure silencieuse afin d'y
passer la dure saison.

Mes démarches terminées, malgré l'heure avancée
de la soirée, je m'étais mis en route, impatient de voir
Marcelle.

Le temps était sinistre, les cieux charriaient des
nuages sombres, cachant, à tout instant, une lune
ronde à la lumière blafarde sur un front rougeâtre,
offrant la vision lugubre d'une tête de guillotiné roulant vertigineusement dans l'immensité qu'elle ensan-
glante.

Les oiseaux de nuit hululaient ; mes pas résonnaient
dans la nuit ; parfois, devant moi, il me semblait voir
marcher des ombres ou derrière moi chuchoter des
voix, éclater des rires. Au milieu des carrefours, en
pleins rayons de lune, des êtres fantastiques, en un
cercle étroit, semblaient tenir des conciliabules, mais
à mon approche, ils s'évanouissaient magiquement.

Mon cœur pourtant ne se terrifiait point, car *Lui*,
je ne le voyais pas. Qu'importaient alors les halluci-
nations de mon cerveau, ou l'étrange faculté de voir
et d'entendre les êtres de l'inexplicable et terrifiante

Enigme ! Sans doute, notre pur bonheur et l'immense religion que nous avions pour lui l'avaient désarmé ; cette pensée seule, inconsciemment, faisait battre mon cœur de joie et mes lèvres le remercier de sa charité et de sa pitié.

Une heure sonnait quand j'entrai dans le petit port. La vue de la fenêtre toujours éclairée du pavillon où nous habitions, fit tressauter mon cœur et ouvrant, avec précaution, la porte d'entrée, je montai doucement l'escalier.

Sur le palier, je m'arrêtai atterré.

Marcelle n'était pas seule.

Le front froid, la gorge sèche, j'écoutais. Sa voix blasphémait — ou clamait d'amour. Sitôt l'accalmie, je l'entendis se lever, se recoucher et délirer encore.

Convaincu d'être le jouet d'un vivant cauchemar ou d'une puissance occulte et cruelle, j'allais entrer, lorsque pour la deuxième fois, je l'entendis se lever, fredonner une chanson de matelot entendue les soirs de batailleuses débauches dans les cabarets du quai, puis, après d'incohérentes phrases, gémir, se pâmer de nouveau. Une sueur glaciale sourdait de tout mon être. Il me semblait que des mains de feu cherchaient à m'arracher le cœur. Je souffrais... des tortures de supplicié... J'aurais voulu crier. — Je me sentais devenir fou... Marcelle, ma vie, ma religion, mon culte !

O l'écroulement de tous mes rêves, l'effondrement de ma foi d'amour !

... Et sa voix s'affolait et les vitres frémissaient.

Quelles infamies se consommaient dans cette chambre? Éperdu, attendant à me trouver au milieu d'une orgie de matelots cyniquement silencieux, ouvrant brusquement la porte, j'entrais, farouche.

Sur le seuil, je m'arrêtai haletant.

Seule, sur sa couche bouleversée, Marcelle se tordait, les cheveux défaits, les yeux démesurément ouverts et hagards, les mains crispées, les bras en croix.

En me voyant, elle dit, avec des sanglots dans la voix : Toi, toi, oh! enfin, toi!... puis, comme toujours possédée, en se tordant les bras, en se mordant les chairs, elle s'écria épouvantable à voir :

Il est revenu!... Vois-*Le* à mes côtés, se moquer de mes hontes, rire de mes tortures... depuis ton départ, chaque nuit *Il* m'obsède avec tous ces maudits dont je suis la proie... O ces *Morts*!... compte-les... un... dix... cent... mille... Ils sont légion !...

Ses yeux voyaient, ses oreilles entendaient.

Oh! la terrifiante et monstrueuse scène!

Les tortures morales et physiques que la malheureuse subissait, vivait, contractaient épouvantablement ce doux visage, convulsaient hideusement cette bouche exquise : on eût dit le masque d'une damnée.

Faisant un effort surhumain, je voulus m'élancer vers elle pour l'arracher à son effroyable supplice, lorsque brusquement entre elle et moi, se dressa la terrifiante *Vision*; malgré toute mon épouvante et mon horreur, puisant dans mon amour une force sur-

humaine, je voulus repousser l'implacable spectre,
lorsque je sentis, encerclant ma gorge, ses doigts dé-
·charnés s'incruster dans ma chair et m'étrangler.

Je m'entendis râler, je me sentis mourir.

Lorsque je revins à moi, ce fut sous la sensation
·double d'une félicité intense et d'une souffrance aigue :
je me trouvai étendu sur le plancher couvert de baisers par Marcelle dont les doigts aux ongles roses
s'enfonçaient dans mes yeux aux paupières fermées.

D'un geste, la repoussant, je me levai, je voulus lui
‑ parler, mais je ne pus obtenir d'elle que des phrases
incohérentes d'amour ou d'interminables éclats de
rire.

Elle était folle.

Et, arrêtant sur les miens de grands yeux étranges,
il ajouta :

... Et moi aussi.

Puis, me laissant là, debout, les bras ballants, hébété, il s'enfuit en poussant aussi lui de rauques
éclats de rire.

Depuis, je pense souvent à ces deux sublimes natu-
res que le remords obséda au point de les affoler.

D'aucuns, et ils sont nombreux — riront de cette
. susceptibilité intense de cœur, qu'ils en rient, mais,
·moi, je les admire.

A peine éteint le son de ses dernières et vibrantes
paroles écoutées dans un Silence de Temple, se per-
çurent les battements des cœurs. Perlés de larmes
·étaient les cils, blanches et terrifiées les faces.

Puis comme *Minuit* allait sonner, pour unir leurs

lèvres avides aux lèvres chaudes des doux amants, à
leur cou formant un collier de leurs bras nus, les yeux
dans les yeux, les quatre jeunes femmes à la radieuse
beauté, attendirent, la gorge frémissante, le sourire
sur les lèvres, la première vibration de l'heure solennelle.

Et

Maintenant, à mes sincères amis, à tous
ceux qui m'ont soutenu en s'intéressant à mon
œuvre,

Merci.

RÉMY BROUSTAILLE.

TABLE DES MATIÈRES

Annonay. — Imp. J. ROYER.

www.ingramcontent.com/pod-product-compliance
Lightning Source LLC
Chambersburg PA
CBHW070637100426
42744CB00006B/719